ספר הבישול הכל צ'ילי

גלה את העולם העשיר והמתובל של צ'ילי עם 100 המתכונים המשגעים בפה הכוללים בשר בקר, עוף, צמחוני, טבעוני ועוד

רש בל-רוא

תוכן העניינים

5

מבוא

צ'ילי הוא אוכל הנוחות האולטימטיבי - הוא חם, חריף ותמיד משביע. בין אם אתה מעדיף את הצ'ילי שלך עדין או חם, עם שעועית או בלי, יש מתכון לכולם.

בספר הבישול הזה, אנו נרגשים לחלוק 100 מתכוני צ'ילי טעימים וייחודיים שבטוח ירשימו. מצ'ילי בקר קלאסי ועד אפשרויות צמחוניות כמו בטטה וצ'ילי שעועית שחורה, יש לנו משהו לכולם.

המתכונים שלנו קלים לביצוע, עם הוראות שלב אחר שלב וטיפים מועילים כדי להבטיח שהמנות שלך ייצאו בצורה מושלמת בכל פעם. אנחנו גם נשתף קצת מידע רקע על צ'ילי וההיסטוריה שלו, כמו גם טיפים להשתלטות על הטעמים והטכניקות הייחודיות שהופכות את המנה הזו למיוחדת כל כך.

אז, הצטרפו אלינו למסע הזה כדי לגלות את אמנות הצ'ילי. עם 100 המתכונים שלנו, תוכל לחמם את בלוטות הטעם שלך ולהרשים את החברים והמשפחה שלך עם הכישורים הקולינריים שלך.

בספר בישול זה תמצא:

- ✓ מתכוני צ'ילי בקר קלאסיים
- ✓ מתכוני צ'ילי עוף, הודו וחזיר
- ✓ מתכוני צ'ילי צמחוניים וטבעוניים
- ✓ מתכוני צ'ילי עם שעועית ובלי
- ✓ טוויסטים ייחודיים על המועדפים המסורתיים
- ✓ טיפים לשכלול טכניקות בישול הצ'ילי
- ✓ מידע על היסטוריה ותרבות צ'ילי
- ✓ תמונות מעוררות תיאבון של כל מנה

וכל כך הרבה יותר! אז, בין אם אתם מחפשים להרשים את אורחי ארוחת הערב או פשוט ליהנות מארוחות דשנות ומתובלות, ספר הבישול הזה הוא בשבילכם.

1. **צ'ילי לבן**

רכיבים:
- 1 כף שמן קוקוס
- 1 בצל בינוני, קצוץ
- 3 שיני שום, כתושות
- 1 פחית פלפל צ'ילי ירוק קצוץ
- 8 אונקיות פטריות, פרוסות
- 2 כפיות כמון טחון
- 1 כפית אורגנו מיובש
- 4 כוסות מרק עוף (2 קרטונים)
- 4 כוסות הודו מבושל, חתוך לקוביות
- 2 (15 אונקיות) קופסאות שעועית לבנה (צפון נהדר, קנליני או חומוס)
- 1 כוס גבינת מונטריי ג'ק מגוררת
- עלי פטרוזיליה טריים לקישוט

הוראות:
a) מחממים את השמן בסיר גדול על אש בינונית.
b) מוסיפים בצל ושום. מבשלים לאט לאט עד לריח.
c) מערבבים פנימה את פלפלי הצ'ילי הירוקים, הפטריות, הכמון והאורגנו. ממשיכים לבשל ומערבבים את התערובת עד לריכוך, כ-3 דקות.
d) הוסף מרק עצמות, הודו ושעועית לבנה. מבשלים 15 דקות תוך ערבוב מדי פעם.
e) מנה את הצ'ילי. מוסיפים גבינה ומקשטים בעלי פטרוזיליה. תהנה!

One-Pot Turkey Chili Mac .2

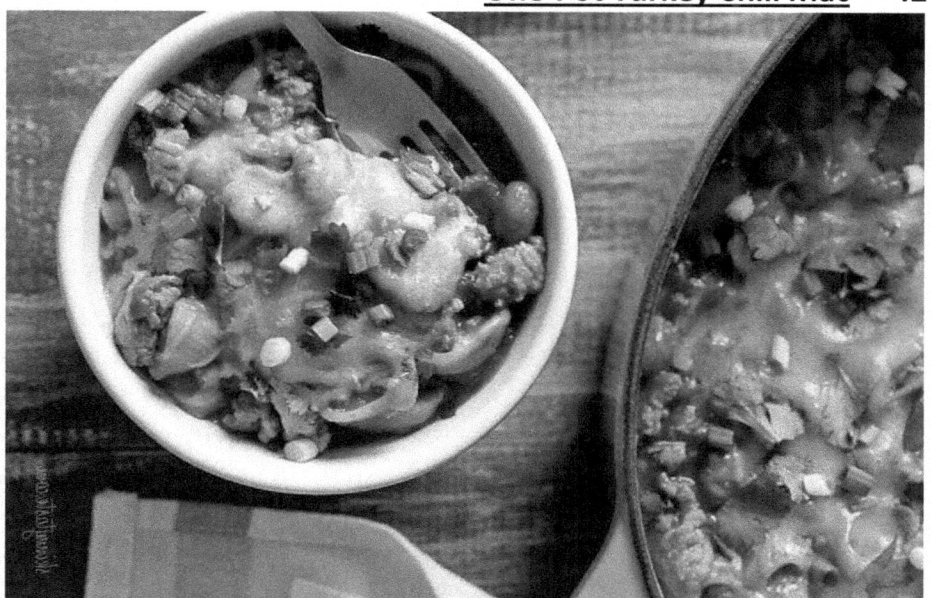

רכיבים:

- 1 כף שמן קוקוס
- 1 קילו הודו טחון
- ½ כפית מלח כשר
- ¼ כוס בצל, חתוך לקוביות
- 2 גבעולי סלרי, חתוכים לקוביות
- ½ כוס פלפל חריף, חתוך לקוביות
- 4 כוסות מרק עוף (2 קרטונים)
- 1 (16 אונקיות) צנצנת סלסה בינונית ועבה שמנמנה
- פחית 1 (15-16 אונקיות) שעועית כליה אדומה מופחתת נתרן, סחוטה
- 1 (1.25 אונקיות) חבילת תבלין צ'ילי
- 8 אונקיות מקרוני מרפק
- 2 אונקיות גבינת צ'דר, חתוכה לקוביות
- 1 (8-oz) פחית רוטב עגבניות ללא תוספת מלח
- עלי פטרוזיליה לקישוט

הוראות:

a) מחממים שמן בסיר גדול על בינוני-גבוה. מניחים הודו טחון בתבנית ומתבלים במלח. מבשלים 3-4 דקות, בעזרת המרית כדי לפורר את הבשר.

b) מערבבים פנימה בצל, סלרי ופלפל, מבשלים עוד 2 דקות עד שההודו מבושל. מוסיפים מרק, סלסה, שעועית ותערובת תיבול. להביא לרתיחה.

c) מערבבים פנימה פסטה; מבשלים 8 דקות תוך ערבוב מדי פעם. בינתיים חותכים גבינה לקוביות קטנות. מערבבים פנימה רוטב עגבניות ומבשלים עוד דקה אחת. מגישים את הצ'ילי עם גבינה ופטרוזיליה.

3. צ'ילי דלעת לבבי

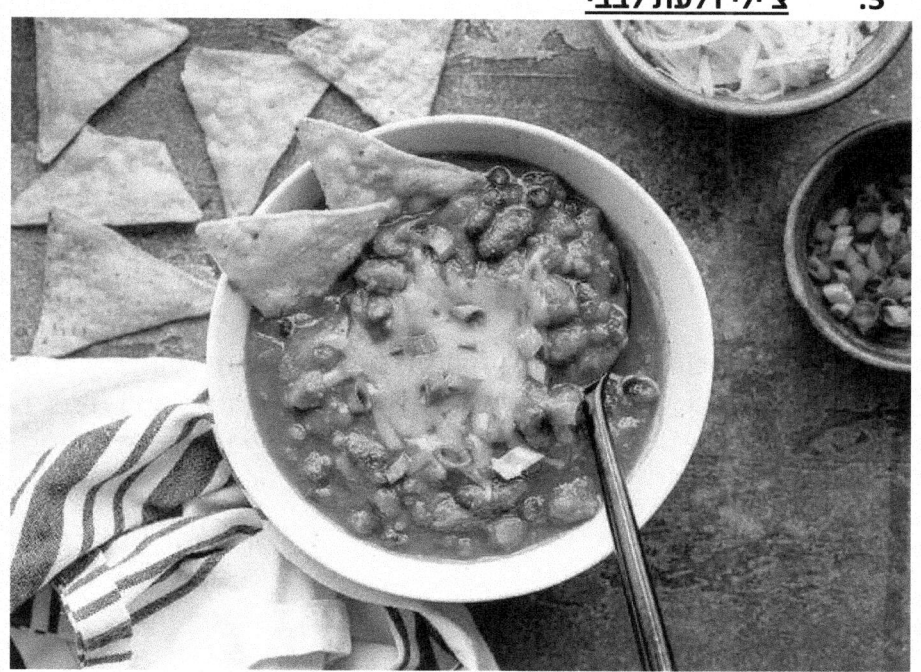

מכינה: 4 מנות

רכיבים:

- 2 כפות שמן
- 1 בצל גדול, קצוץ
- 15 אונקיות קופסת שעועית
- 2 שיני שום
- 15 אונקיות יכול תירס גרעין שלם, סחוט ושטוף
- 1 כף אבקת צ'ילי
- פחית 15 אונקיות של עגבניות חתוכות לקוביות, עם מיצים
- 1 כפית כמון טחון
- פחית 15 אונקיות של מחית דלעת
- ½ כפית פלפל שחור
- 1 ½ כוסות מים או ציר
- 1 כפית מלח

הוראות:

a) במסננת שוטפים ומרוקנים שעועית ותירס.

b) מחממים שמן בסיר גדול על אש בינונית-גבוהה. מוסיפים בצל.

c) מבשלים, תוך ערבוב תכוף, עד לריכוך.

d) מוסיפים שום. מבשלים במשך דקה, תוך ערבוב מתמיד.

e) מוסיפים את העגבניות והמיצים שלהן, דלעת, מים, אבקת צ'ילי, כמון, אבקת שום/בצל, מלח ופלפל. להביא לרתיחה. מנמיכים את החום לנמוך. מוסיפים שעועית ותירס.

f) מכסים ומבשלים, תוך ערבוב, במשך 15-20 דקות.

4. צ'ילי צבי

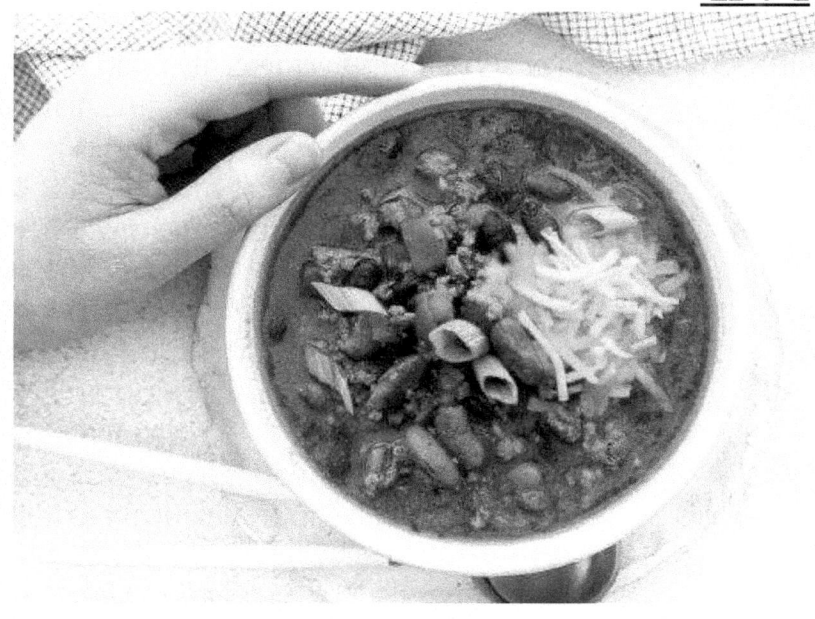

רכיבים:

- ½ ק"ג פינטו או שעועית אדומה
- 4 פאונד. בשר צבי קצוץ גס (צוואר, צד, צלחת, חזה, עגול, אחורי, שוק) 1½
- ט. זרעי כמון
- ½ ג. סוטה קצוץ או בטן חתוכה לרצועות ג'וליאן
- 6 בצלים בגודל טוב, קצוצים
- 2-4 שיני שום, קצוצות
- 1 ט. אורגנו
- 3 ט' אבקת צ'ילי טרי
- פחית אחת גדולה עגבניות איטלקיות קלופות
- 1 קופסת צ'ילי ירוקה קטנה
- מלח ופלפל
- קורטוב של רוטב טבסקו (לא חובה)
- 2 טי אינסטנט מסה חרינה או פולנטה

הוראות:

a) שוטפים את השעועית, מכסים במים קרים טריים, מביאים לרתיחה ומבשלים 2 דקות; מניחים לעמוד, מכוסה היטב, שעה אחת. הכן בשר (נתחי תבשיל עדיף אם הם נטולי שומן) על ידי חיתוך לקוביות בגודל 1 אינץ'.

b) שים זרעי כמון במחבת על אש בינונית ושמור אותם לנוע עד שהם מעשנים והופך לצבע טוסט; ואז לפזר אותם על משטח ישר ולמעוך בעזרת מערוך. כעת ממיסים את הסואט או את הבטן במחבת גדולה; אתה יכול להחליף מספיק שמן צמחי או קיצור אחר כדי לצפות את תחתית המחבת, אבל אתה תאבד את הטעם הבשרני.

c) ברגע שהשומן מתרכך או מתחיל לרטוש מוסיפים חתיכות בשר כמה בכל פעם וצורבים, הופכים קוביות כדי לאטום את כל הצדדים.

d) מנמיכים את האש ומוסיפים בצל ושום תוך ערבוב מדי פעם עד שהבצל שקוף. הוסיפו זרעי כמון יבשים, אורגנו ואבקת הצ'ילי הטרייה ביותר שתוכלו להשיג; מערבבים כדי לצפות את הבשר בתבלינים, מוסיפים עגבניות וצ'ילי ירוק, ומביאים לסף רתיחה, ואז מנמיכים את האש לרתיחה.

e) מביאים שוב את שעועית ההשריה לרתיחה ומניחים לבעבוע כמעט בלתי מורגש עד שהם רכים - 30 דקות עד שעה, תלוי בשעועית.

f) בינתיים צפו בתערובת הבשר כדי לראות שהיא לא מתייבשת מדי, הוסיפו מים או ציר לפי הצורך כדי לשמור על עקביות די נוזלית. טועמים לתיבול, מוסיפים מלח ופלפל במידת הצורך, וקצת טבסקו כפי שבלוטות הטעם שלכם קובעות.

g) לאחר כשעה וחצי (הזמן יהיה תלוי באיכות ובקשיחות של נתחי צבי) דגום את הבשר; אם רך, יש להרחיק את עודפי השומן - או לקרר למשך הלילה כדי לתת לשומן להקרש להסרה קלה. מוסיפים את מסה חרינה לעיבוי.

h) לאחר מכן שלבו צ'ילי עם שעועית מבושלת, החזירו לסף רתיחה ואפשרו לטעמים להתמזג למשך 30 דקות נוספות.

5. <u>פאי צ'ילי הודו בציפוי פולנטה</u>

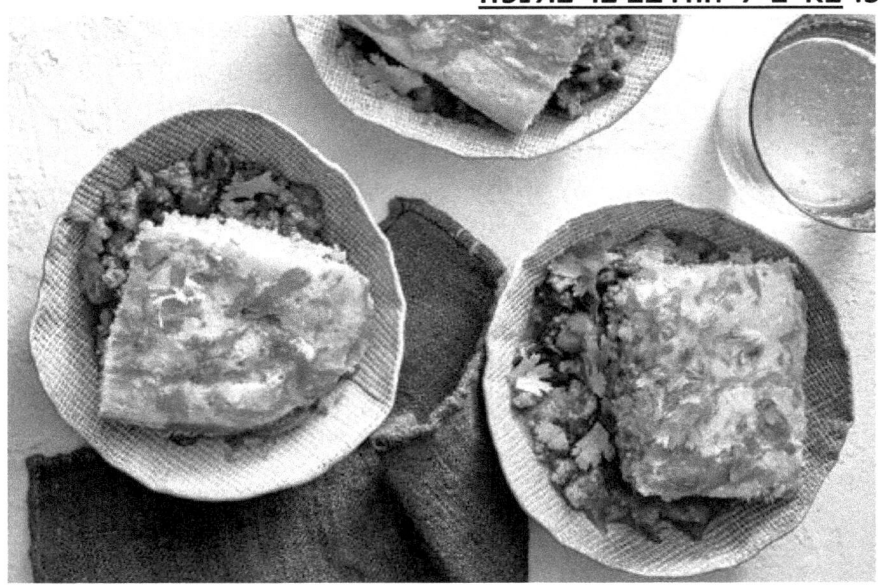

עושה: 8

רכיבים:

- 6 כפות שמן קנולה
- ¾ כוס קמח לכל מטרה
- 2 כפיות אבקת אפיה
- 1 ביצה, טרופה
- 1 בצל, קצוץ
- ¾ כוס פולנטה משובחת
- 2 שיני שום, קצוצות
- 1½ כפיות מלח כשר
- ספריי בישול
- 2 (14.5 אונקיות) קופסאות של עגבניות צלויות באש, לא מנוקזות
- חצי קילו הודו טחון רזה
- 4 אונקיות גבינת צ'דר חדה, מגוררת
- 1 כוס ציר עוף ללא מלח
- 2 כפות אבקת צ'ילי
- עלי כוסברה טריים
- פחית של 15 אונקיות של שעועית שחורה, סחוטה ושטופה
- ¾ כוס חלב 2% מופחת שומן

הוראות:

a) במחבת מחממים 2 כפות מהשמן.

b) מוסיפים את ההודו והבצל ומטגנים עד להשחמה ב-7 דקות.

c) מוסיפים את השום, אבקת הצ'ילי וכפית מלח למשך כדקה.

d) מעבירים לקרוקפוט שרוססו בספריי בישול.

e) מערבבים פנימה את העגבניות, הציר והשעועית עד לקבלת תערובת אחידה.

f) מנפים את אבקת האפייה, הקמח, הפולנטה ושאר המלח.

g) מוסיפים את הביצה, החלב, הגבינה ושמן הקנולה הנותר כדי ליצור בלילה.

h) יוצקים את בלילת הפולנטה על תערובת ההודו בתנור האיטי. מבשלים במשך 4 שעות ו-30 דקות.

6. <u>גראטן בטטה צ'ילי</u>

מכינה: 6 מנות

רכיבים:

- 2 קופסאות שימורים (10 אונקיות) רוטב אנצ'ילדה עדין (2 כוסות)
- 1 כוס מים
- 2 שום גדולים
- ציפורן; טחון ומעוך לעיסה
- 5 בטטות גדולות; (בערך 2/1 3 פאונד)
- 1⅓ כוס גבינת מונטריי ג'ק מגוררת גס; (בערך 6 אונקיות)

הוראות:

a) מחממים תנור ל-375F. בסיר גדול מבשלים רוטב אנצ'ילדה, מים ושום עם מלח לפי הטעם, תוך ערבוב מדי פעם, 5 דקות.

b) מקלפים תפוחי אדמה וחותכים לרוחב לפרוסות בעובי של ⅛ סנטימטר. בתבנית גראטן של 3 ליטר או תבנית אפייה רדודה שכבו רבע מתפוחי אדמה במעגלים קונצנטריים, חופפים מעט, ומפזרים ⅓ כוס גבינה. ממשיכים לשכב את יתרת תפוחי האדמה והגבינה באותו אופן, ומסיימים בגבינה.

c) יוצקים רוטב באיטיות על תפוחי האדמה, נותנים לו לחלחל בין השכבות, ואופים גראטן בתבנית אפייה רדודה (זה עלול לבעבע) באמצע התנור 1 שעה, או עד שתפוחי האדמה רכים.

d) ניתן להכין גרטן יומיים קדימה ולקרר, מכוסה.

e) מחממים גרטן מכוסה בתנור.

7. צ'ילי עגבניות עם בשר אגוזים טאקו

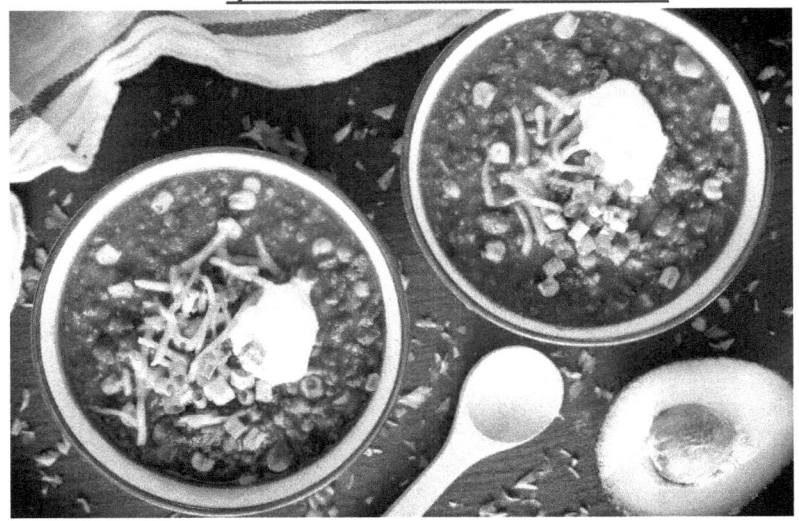

מכינה: 4 מנות

רכיבים

3 כוסות עגבניות מזרעות וקצוצות
1 כוס זרעים וקצוצים, מעורב פלפל אדום וירוק
¼ כוס סלרי קצוץ
¼ כוס בצל צהוב קצוץ
3/1 כוס פטריות קצוצות (כל סוג)
3/1 כוס גרעיני תירס
1 כפית שום טחון
2 כפיות אבקת צ'ילי
1 כפית כמון טחון
¾ כפית אורגנו מיובש
¼ כפית מלח ים
1 מתכון בשר טאקו אגוזים

הוראות

שמים את כל החומרים בקערת מיקסר ומערבבים היטב. מעבירים שליש מהתערובת לבלנדר מהיר ופורה. מניחים את המחית בחזרה בקערת המערבל. להגשה מחלקים בין ארבע קערות הגשה. מעל כל מנה עם בשר אגוזי טאקו, ותיהנו.

8. שעועית וצ'ילי עוף

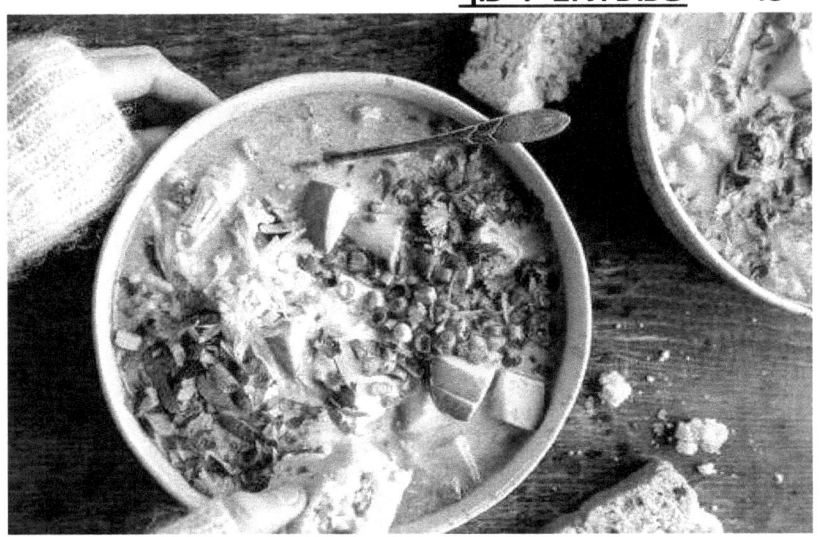

עושה: 8-10

רכיבים:

- 1 קילו חזה עוף, ללא עצמות וללא עור
- 2 כפות שמן זית (כתית מעולה)
- 1 בצל בינוני חתוך לקוביות
- 2 שיני שום
- 2 קופסאות שימורים (15 אונקיות כל אחת) של שעועית נייבי, סחוטה ושטופה
- 1 כוס גרעיני תירס טריים או קפואים
- 1 4 אונקיות יכולות לקצוץ צ'ילי ירוק
- ⅛ כפית פלפל קאיין
- 3 כוסות מים
- 2 כוסות גבינת מונטריי ג'ק מגורדת
- 2 כפות כוסברה טרייה, קצוצה
- 2 כפיות אבקת צ'ילי
- 2 כפיות כמון טחון

הוראות:

a) לשפשף את העוף במלח ופלפל.
b) מחממים את השמן במחבת על אש גבוהה, מוסיפים את נתחי העוף ומבשלים תוך כדי ערבוב עד להזהבה.
c) מנמיכים את האש ומערבבים פנימה את הבצל והשום.
d) מבשלים, תוך ערבוב מדי פעם, במשך 5-6 דקות, או עד שהבצל שקוף.
e) מוסיפים פנימה את השעועית, התירס, הפלפלים, התבלינים והמים.
f) מביאים לרתיחה, ואז מנמיכים את האש ומבשלים, ללא כיסוי, במשך שעה.
g) מפזרים על כל מנה כף גבינה ומעט כוסברה.

9. אורז בר מטבל צ'ילי

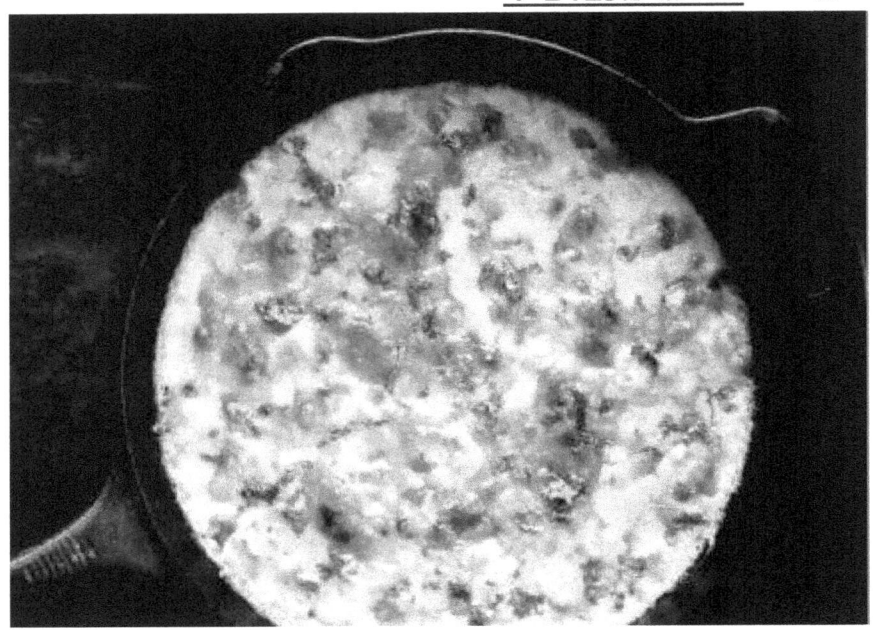

מבינה: 4 עד 6 מנות

רכיבים:

- 12 אונקיות של עדשים מבושלות
- 1⁄4 כוס מרק ירקות ללא שמרים
- 1⁄4 כוס פלפל ירוק קצוץ
- 1⁄2 שן שום, מהודקת
- 1 כוס עגבניות חתוכות לקוביות
- 1⁄4 כוס בצל קצוץ
- 2 אונקיות גבינת שמנת
- 1⁄2 כף אבקת צ'ילי
- 1⁄2 כפית כמון
- 1⁄4 כפית מלח ים
- מקף פפריקה
- 1⁄2 כוס אורז בר מבושל

הוראות

a) בסיר קטן מבשלים את העדשים וציר הירקות.
b) מוסיפים את הבצל, הפלפל, השום והעגבניות ומבשלים 8 דקות על אש בינונית.
c) מערבבים בבלנדר גבינת שמנת, אבקת צ'ילי, כמון ומלח ים עד לקבלת תערובת חלקה.
d) מערבבים את האורז, תערובת גבינת השמנת ותערובת ירקות העדשים בקערת ערבוב גדולה ומערבבים היטב.

10. צ'ילי קון קרנה

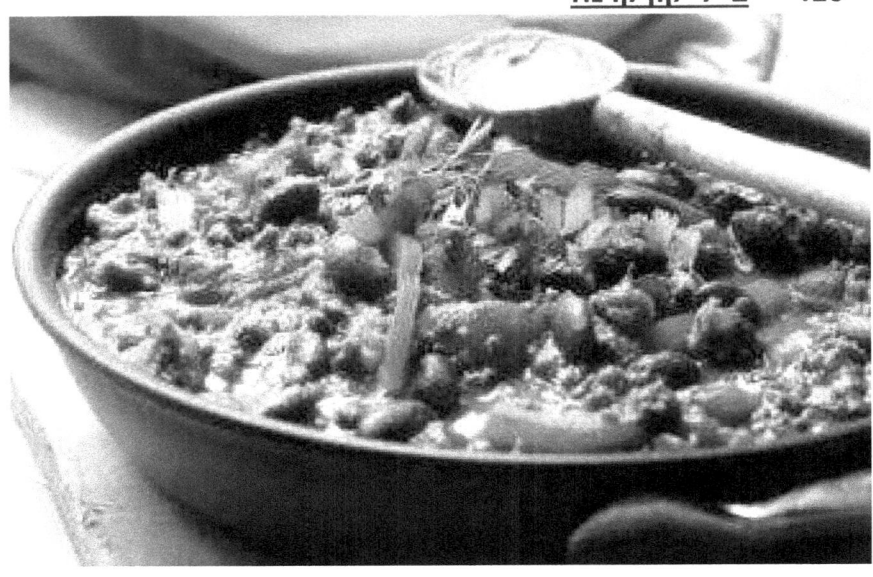

רכיבים:
- בשר בקר טחון/טחון 500 גרם
- 1 בצל גדול קצוץ
- 3 שיני שום
- 2 קופסאות עגבניות קצוצות 400 גרם
- סחיטת רסק עגבניות
- 1 כפית אבקת צ'ילי (או לפי הטעם)
- 1 כפית כמון טחון
- קורטוב של רוטב ווסטר
- מפזרים מלח ופלפל
- 1 פלפל אדום קצוץ
- 1 קופסת שעועית סחוטה 400 גרם

הוראות:

a) מטגנים את הבצל במחבת חמה עם שמן עד שהוא כמעט חום ואז מוסיפים שום קצוץ

b) מוסיפים את הטחון ומערבבים עד להשחמה; מסננים את כל עודפי השומן אם רוצים

c) מוסיפים את כל התבלינים היבשים והתיבול ואז מנמיכים את האש ומוסיפים עגבניות קצוצות

d) מערבבים היטב ומוסיפים רסק עגבניות ורוטב ווסטרשייר ואז מניחים להתבשל כשעה (פחות אם אתם ממהרים)

e) הוסיפו את הפלפל האדום הקצוץ והמשיכו לבשל במשך 5 דקות, ולאחר מכן הוסיפו את קופסת השעועית הסחוטה ומבשלים 5 דקות נוספות. אם הצ'ילי מתייבש בשלב כלשהו, הוסיפו מעט מים.

f) מגישים עם אורז, ג'קט תפוחי אדמה או פסטה!

11. מרק סקווש ג'מייקני

עושה4

רכיבים:

- 1 בצל גדול, קלוף וקצוץ
- 1 גזר, קלוף וקצוץ
- 1 ג'לפניו, פלפל, זרעים הוסר, קצוץ דק
- 3 כפות חמאה
- 2 כפיות כמון טחון
- 2 כפיות כוסברה טחונה
- ½ כפית קינמון טחון
- ½ כפית פלפל קאיין
- ½ כפית אבקת צ'ילי
- 1 דלעת ספגטי גדולה, קלופה וחתוכה לקוביות
- ציר עוף לכיסוי ירקות, כ-3 כוסות
- מיץ מתפוז 1
- מיץ מ-1 ליים

אנכו קרם

- 2 עד 3 צ'ילי אנצ'ו, חצויים, גבעולים וזרעים
- 6 כפות חלב שקדים
- 4 כפות שמנת חמוצה
- מלח
- פלפל
- מיץ ליים לפי הטעם

הוראות:

a) בסיר גדול כבד, מזיעים בצל, גזר ופלפל ג'לפנו בחמאה עד לריכוך
b) מוסיפים כמון, כוסברה, קינמון, קאיין ואבקת צ'ילי
c) מבשלים עוד 2 דקות על אש נמוכה
d) הוסף דלעת
e) מכסים את התערובת בציר, מיץ מתפוז אחד ומיץ ליים מבשלים עד שהדלעת רכה, כחצי שעה
f) אפשר קירור
g) טוחנים את התערובת במעבד או השתמשו בבלנדר טבילה
h) מחזירים את המרק למחבת, מתבלים במלח ופלפל
i) מחממים ומתקנים תיבול במידת הצורך
j) מערבלים ב-Ancho Cream
k) מקשטים בשמנת חמוצה דלילה בקצת שמנת כבדה
l) מניחים טפטוף במרכז קערת מרק ובעזרת קיסם גוררים מהמרכז החוצה ויוצרים כוכב או קורי עכביש

12. לצ'ילי לאגניאפה

מכינה: 40 מנות

רכיבים:

- 1 קילו שעועית פינטו מיובשת
- 6 ליטר מים או ציר בקר
- 2 עלי דפנה
- 3 אונקיות עגבניות מיובשות
- 1 כף מרווה
- 1 כפית אורגנו
- 3 כפיות אבקת קאיין
- 1 כף זרעי חרדל שחור; קָלוּי
- 1 כף זרעי כמון; קָלוּי
- ½ כוס רוטב ווסטרשייר
- ½ כוס Nuoc mam
- ¼ כוס פלפל שחור
- ¼ כוס פפריקה חריפה
- ¼ כוס כמון טחון
- 4 פלפלי צ'יפוטלה גדולים; נקרע לחתיכות
- 2 פלפלי ג'לפנו גדולים; קצוץ
- 2 פאונד עגבניות טריות; קצוץ
- פחית אחת (28 אונקיות) עגבניות קלופות; קצוץ
- 12 אונקיות רסק עגבניות
- 2 ראשי שום; לחוץ
- 2 בצלים צהובים גדולים; קצוץ
- 4 כפות שמן קנולה
- 1 פאונד קילבסה
- 3 פאונד בשר בקר טחון
- 2 כפות שרימפס מיובשים
- 1 כוס צדפות מעושנות
- ¼ כוס דבש
- מלח לטעימה

הוראות:

a) משרים שעועית פינטו למשך הלילה. למחרת בבוקר מסננים את השעועית, משליכים את אלה שצפים.

b) מחממים מים או ציר בקר, מוסיפים פינטו. מביאים לרתיחה איטית, מנמיכים את האש, מוסיפים עלי דפנה ומבשלים במשך שעתיים. בזמן שהשעועית מתבשלת, שמים כף אחת של זרעי כמון וכף אחת זרעי חרדל שחור במחבת יבשה קטנה. הדליקו את האש, ומבשלים תוך כדי ערבוב מתמיד עד שהזרעים *רק* מתחילים לצוץ. מסירים מיד מהאש, ומועכים במכתש ועלי או במעבד מזון. לְהַזמִין.

c) לאחר מכן, הוסף את כל התבלינים היבשים, העגבניות ופלפלי הצ'יפוטלה לשעועית. מערבבים היטב. מוסיפים רוטב ווסטרשייר ו-nuoc mam, מערבבים. מכניסים ארבע כפות שמן למחבת גדולה, קוצצים בצל ופלפל ג'לפנו, ומטגנים על אש בינונית עד שהבצל נעשה שקוף. מוסיפים לסיר הצ'ילי, מערבבים. פורסים קילוגרם אחד של קילבסה, משחימים במחבת, מוסיפים לצ'ילי. כעת משחימים שלושה קילוגרמים של בשר בקר טחון, קוצצים בעזרת מרית לנתחים בגודל ביס. מסירים מהאש, מסננים ומוסיפים לצ'ילי.

d) כעת מהדקים שני ראשים (כ-25 שיני שום) לתוך הצ'ילי. מוסיפים שרימפס מיובש וצדפות מעושנות. מערבבים, מביאים לרתיחה, מנמיכים לרתיחה בינונית ומבשלים, מכוסה, עוד שעה עד שעתיים, תוך ערבוב מדי פעם. כרבע שעה לפני ההגשה מוסיפים רבע כוס דבש, מערבבים ומלח לפי הטעם. מסירים מהאש, ומגישים.

13. מרק אפונה גונגו

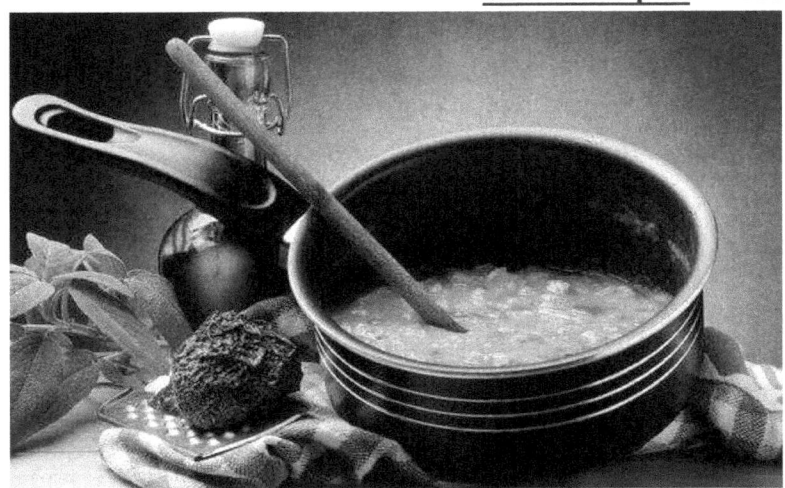

עושה 6-8

רכיבים:
- 2 כוסות (400 גרם) גונגו מיובש או אפונת יונים
- 1 קרס חזיר מעושן
- 2 בצלים בינוניים חתוכים לחתיכות גדולות
- 2 גזרים חתוכים לחתיכות גדולות
- 1 גבעול סלרי, עם עלים
- 2 צ'ילי מצנפת סקוטי או ג'לפניו, נטולי גרעינים וחתוכים לקוביות
- 1 שן שום, קצוצה
- 1 עלה דפנה
- 1 כפית עלי רוזמרין טריים מרוסקים או ¼ כפית רוזמרין מיובש כתוש
- מנה 1 ספינרים

הוראות:
a) הכינו את הספינרים
b) שוטפים את האפונה ומניחים בקערה. הוסיפו מספיק מים לכיסוי והשרו למשך הלילה. מסננים ומניחים בצד.
c) הוסיפו 6 כוסות מים לסיר והוסיפו את ציר החזיר, הבצל, הגזר, הסלרי, הצ'ילי, השום, עלה הדפנה והרוזמרין. מביאים לרתיחה, מנמיכים את האש למינימום ומבשלים 45 דקות. מסננים את הציר, שומרים את ציר השינקן וזורקים את הירקות. מורחים את השומן מהציר.
d) מחזירים לסיר את הציר ואת ציר השינקן יחד עם האפונה המושרה. מבשלים על אש נמוכה עד שהאפונה מתרככת, כשעתיים. מוציאים מחצית מכמות האפונה מהמרק בעזרת כף מחוררת ומטגנים במעבד מזון.
e) מחזירים את הפירה למרק.
f) מוסיפים את הספינרים המוכנים למרק ומחממים.

14. מרק תירס ושרימפס

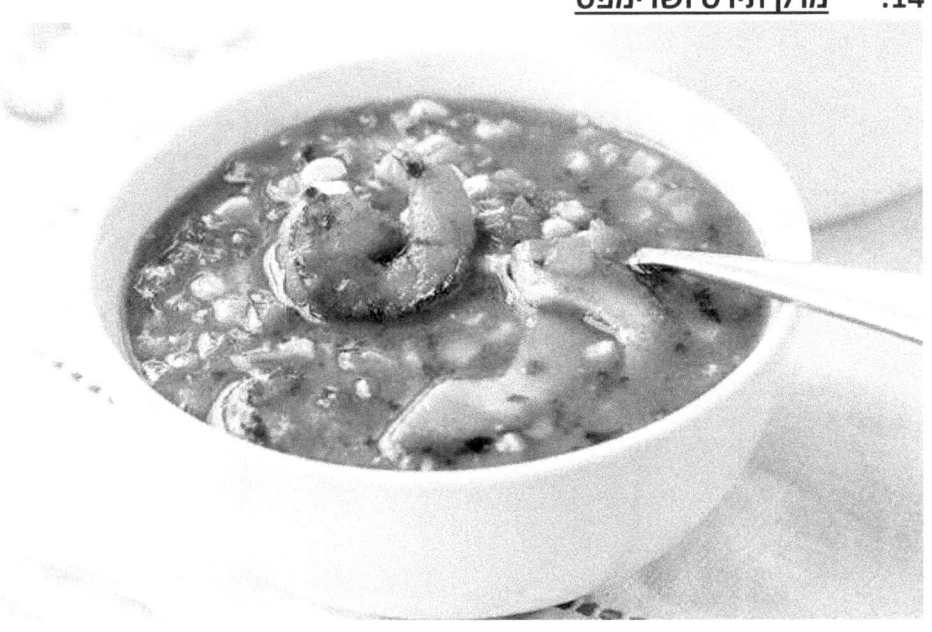

עושה 8 מנות

רכיבים:

- 2 קילו שרימפס בינוני בקליפות עם ראשים
- 8 אוזניים תירס
- 1 חמאה מקל
- ½ כוס קמח לכל מטרה
- 1 בצל גדול, קצוץ
- 3 בצלים ירוקים קצוצים, חלקים לבנים וירוקים מופרדים
- 1 פלפל ירוק, קצוץ
- 2 גבעולי סלרי, קצוצים
- 1 כפית שום טחון
- 1 (10 אונקיות) פחית עגבניות רו-תל מקוריות וצ'ילי ירוק
- מלח, פלפל שחור גרוס טרי ותיבול קריאולי, לפי הטעם
- ½ ליטר שמנת כבדה
- 2 כפות פטרוזיליה עלים שטוחים קצוצים

הוראות:

a) מוציאים את הראש, מקלפים ומוציאים את השרימפס, מכניסים את הראשים והקליפות לסיר גדול. מניחים את השרימפס בצד במקרר.
b) בעזרת סכין חדה מאוד חותכים את הגרעינים מקלחי התירס לקערה גדולה מאוד. בעזרת סכין שולחן קהה, מגרדים את הקלחים כדי לשחרר את כל מיץ התירס לתוך הקערה. לְהַפְרִישׁ.
c) מוסיפים את קלחי התירס לסיר עם קליפות השרימפס. מוסיפים מספיק מים כדי לכסות את הקליפות והקלחים ומביאים לרתיחה. מנמיכים את האש לבינונית ומבשלים 30 דקות, ללא מכסה. לאחר שהתקרר מעט, מסננים את הציר לתוך כוס מדידה גדולה וזורקים את הקליפות והקלחים. אתה צריך להיות 8 כוסות של ציר; אם לא, הוסף מספיק מים כדי ליצור 8 כוסות נוזל.
d) בסיר גדול וכבד ממיסים את החמאה על אש בינונית; מוסיפים את הקמח ומבשלים תוך כדי ערבוב מתמיד עד שהרו הופך לצבע של חמאה.
e) מוסיפים את הבצל, החלקים הלבנים של הבצל הירוק, הפלפל, הסלרי והשום ומבשלים עד שהבצל שקוף. מוסיפים את העגבניות ומערבבים את הציר בהדרגה. מתבלים במלח, פלפל ותיבול קריאולי ומבשלים, מכוסה, כ-15 דקות. מוסיפים את התירס ומבשלים עוד 10 דקות. מוסיפים את השרימפס ומבשלים עד שהם ורודים, כ-2 דקות. מוסיפים את השמנת, צמרות הבצל הירוק והפטרוזיליה. כשמוכן להגשה, מחממים בעדינות. לא להרתיח.

15. תבשיל ברונסוויק

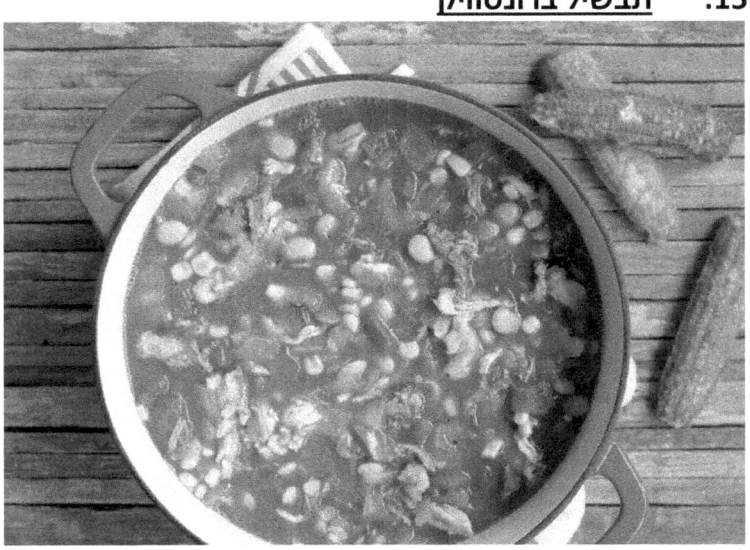

מכינה: 8 עד 10 מנות

רכיבים:
- 6 כוסות מרק עוף
- 2 כוסות סלואו סיר BBQ Pulled Pork
- 2 כוסות עוף קצוץ, מבושל
- 2 כוסות שעועית לימה קפואה או יבשה
- 3 תפוחי אדמה רדומים בינוניים, קלופים וחתוכים לקוביות
- 1 (14 אונקיות) קופסת עגבניות חתוכות לקוביות במיץ עגבניות
- 1 בצל אדום גדול, חתוך לקוביות
- 1½ כוסות אפונה וגזר קפואים
- 1½ כוסות במיה קפואה
- 1 כוס תירס קפוא
- 1 כוס רוטב BBQ היקורי
- 3 שיני שום, קצוצות
- 2 כפות רוטב ווסטרשייר
- 2 וחצי כפיות מלח תיבול
- 1 כפית פלפל שחור גרוס
- ½ כפית כמון טחון

הוראות:

a) הוסף את כל המרכיבים לסיר בישול איטי של 6 ליטר. מערבבים עד שהכל נטמע היטב. שים את המכסה על הסיר האיטי, והנח את האש על נמוכה.

b) מבשלים 5 שעות ואז מגישים. כל שאריות אפשר לשמור בבלי אטום במקרר עד 5 ימים.

16. מרק שעועית ואורז

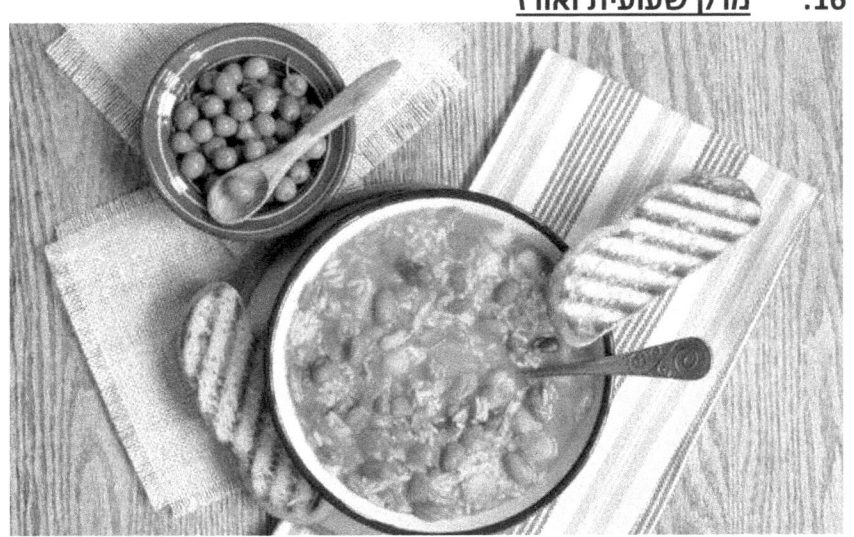

עושה: 4

רכיבים:
- 2 כוסות עוף מבושל וחתוך לקוביות
- 1 כוס אורז ארוך, מבושל
- 2 קופסאות 15 אונקיות של שעועית פינטו, סחוטות
- 4 כוסות ציר עוף
- 2 כפות תערובת תיבול טאקו
- 1 כוס רוטב עגבניות

תוספות:
- גבינה מגוררת
- סלסה
- כוסברה קצוצה
- בצל חתוך

הוראות:
a) מניחים את כל החומרים בסיר בינוני. מערבבים בעדינות.
b) מבשלים על אש בינונית, מבשלים כ-20 דקות, תוך ערבוב מדי פעם.
c) מגישים עם תוספות.

17. מרק אורז

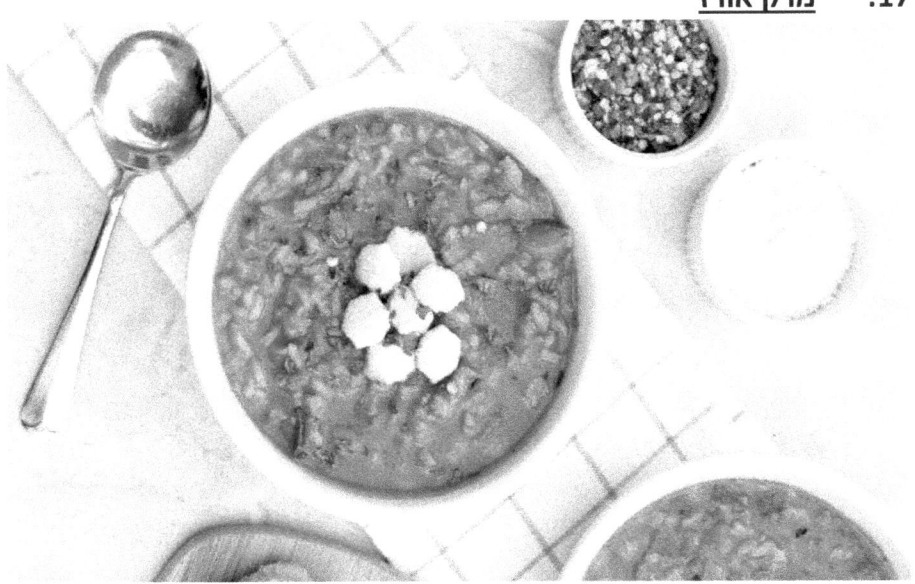

עושה: 4

רכיבים:
- 4 גבעולי סלרי גדולים
- 3 גזרים גדולים
- 1 בצל לבן בינוני
- 1 כפית טימין מיובש
- 1 כפית פטרוזיליה מיובשת
- 1 כפית אבקת שום
- 1 כפית מלח
- ½ כפית מרווה טחונה
- 1 כף אמינו קוקוס
- 4 כוסות מרק ירקות
- 2 כוסות מים
- 3/2 כוס אורז לבן גרגיר ארוך
- 1 קופסת שעועית פינטו (פחית 15 אונקיות)

הוראות:

a) חותכים או קוצצים את הירקות לחתיכות בגודל ביס.

b) הוסף סיר גדול לכיריים והפעל על אש בינונית. מרססים את תחתית הסיר בשמן אבוקדו או ספריי שמן זית. הוסף ירקות.

c) מבשלים את הירקות 3-4 דקות.

d) לאחר 3-4 דקות מוסיפים תבלינים, עלה דפנה ואמיני קוקוס. מערבבים ומבשלים עוד 1-2 דקות.

e) בזמן שהירקות מתבשלים, שוטפים היטב את האורז.

f) מוסיפים ½ כוס מרק ירקות ומגרדים את תחתית/צד הסיר ומסירים כל חתיכות חומות מלמטה.

g) מוסיפים לסיר את יתרת המרק, המים והאורז. מערבבים ומכסים. הגבירו את האש לגבוהה.

h) לאחר שהמרק מגיע לרתיחה, מנמיכים את האש לנמוכה ומבשלים 15 דקות.

i) בזמן שהמרק מתבשל, שוטפים ומרוקנים את השעועית. ומוסיפים אותם למרק.

j) ממש לפני ההגשה מוציאים את עלי הדפנה. הגש חם.

18. <u>גמבו קריאול ירקות אפוי</u>

מבינה: 10 מנות

רכיבים:

1 פאונד במיה טרייה, איור. חתוך

2 חבילות במיה פרוסה קפואה (10 oz)

מים מומלחים רותחים

1 סלרי צלעות, פרוס באלכסון

2 פלפלים, ברצועות

2 חבילות שעועית לימה קפואה (10 oz)

8 אוזניים גרעיני תירס טריים

2 חבילות תירס קפוא, מופשר (10 oz)

חמאה או מרגרינה

פרורי לחם

1 בצל קטן, קצוץ

4 עגבניות בשלות, פרוסות

2 צ'ילי סראנו, פרוס דק

1 כפית בזיליקום טרי קצוץ

½ כפית בזיליקום מיובש, מפורר

מלח לטעימה

פלפל שחור לפי הטעם

½ כוס מונטריי ג'ק מגורר

הוראות:

a) מבשלים במיה טרייה קצרות במי מלח רותחים; לנקז.

b) להלבין סלרי במי מלח רותחים.

c) מוסיפים פלפלים ושעועית לימה ומבשלים עד שהם רכים; במהלך 30 השניות האחרונות, הוסף תירס (לא לבשל יתר על המידה), ולאחר מכן מסננים את הירקות.

d) מחמאה תבנית אפייה גדולה ומפזרים פירורי לחם; מוסיפים שכבה של תערובת תירס ובמיה.

e) שלבו בצל, עגבניות ובזיליקום; כף שכבה של תערובת בצל-עגבניות על השכבה התחתונה בצלחת.

f) מפזרים צ'ילי ומתבלים במלח ופלפל.

g) מנקדים בחמאה ומפזרים פירורי לחם.

h) חזור על השכבות עד למילוי התבשיל.

i) מעליה שכבת במיה שנטבלה בפירורים והוקפצה קלות בחמאה; מפזרים בצורה אחידה גבינה מגוררת אם רוצים.

j) אופים ללא כיסוי ב-300' שחומם מראש למשך שעה.

19. ג'מבליה שעועית אדומה

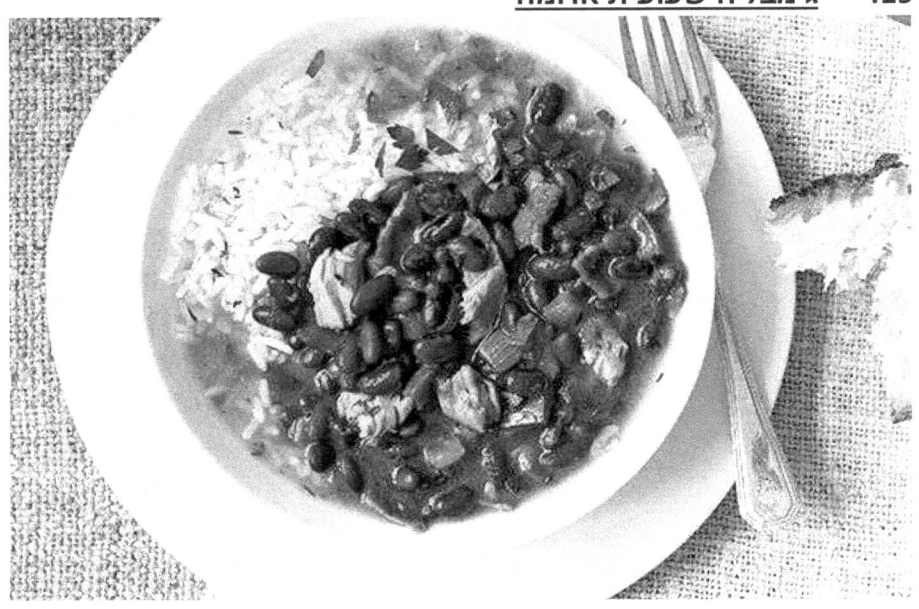

עושה 4 מנות

רכיבים:

- 1 כף שמן זית
- 1 בצל צהוב בינוני, קצוץ
- 2 צלעות סלרי, קצוצות
- 1 פלפל ירוק בינוני, קצוץ
- 3 שיני שום, קצוצות
- 1 כוס אורז ארוך
- 3 כוסות מבושלות או 2 (15.5 אונקיות) פחיות שעועית כליה אדומה כהה
- 1 (14.5 אונקיות) פחית עגבניות חתוכות לקוביות, סחוטות
- (14.5 אונקיות) פחית עגבניות מרוסקות
- (4 גרם) יכול צ'ילי ירוק עדין, סחוט
- 1 כפית טימין מיובש
- 1⁄2 כפית מיורן מיובש
- 1 כפית מלח
- פלפל שחור טחון טרי
- 21⁄2 כוסות מרק ירקות
- 1 כף פטרוזיליה טרייה קצוצה, לקישוט
- רוטב טבסקו (לא חובה)

הוראות:

a) בסיר גדול מחממים את השמן על אש בינונית. מוסיפים את הבצל, הסלרי, הפלפל והשום. מכסים ומבשלים עד לריכוך, כ-7 דקות.

b) מערבבים פנימה את האורז, השעועית, קוביות העגבניות, העגבניות המרוסקות, צ'ילי, טימין, מיורן, מלח ופלפל שחור לפי הטעם. מוסיפים את המרק, מכסים ומבשלים עד שהירקות רכים והאורז רך, כ-45 דקות.

c) מפזרים פטרוזיליה ונתז טבסקו, אם משתמשים, ומגישים.

20. שעועית אדומה ואורז

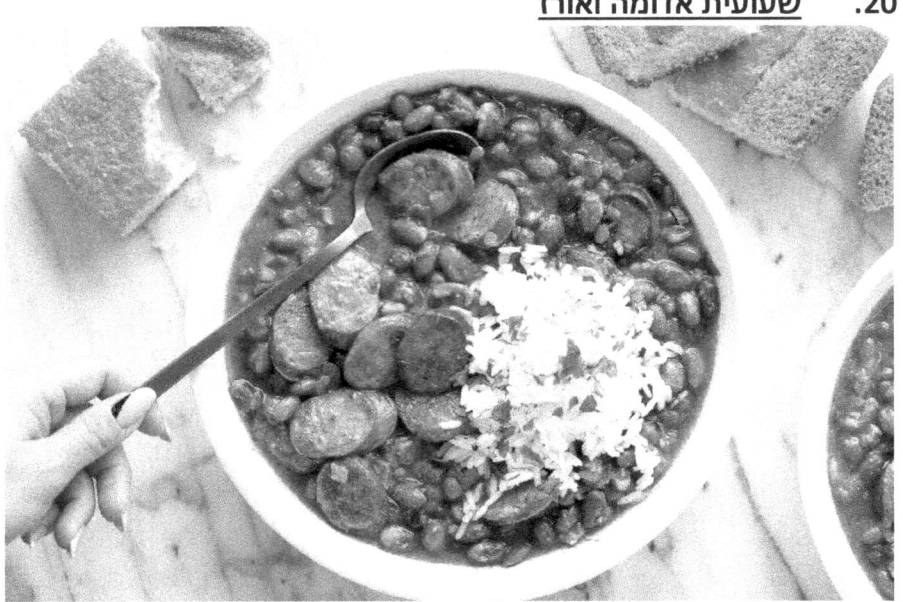

עושה 8-10 מנות

רכיבים:

- 1 קילו שעועית כליה מיובשת
- 2 כפות שמן צמחי
- 1 בצל גדול, קצוץ
- 1 צרור בצל ירוק, קצוץ, חלקים לבנים וירוקים מופרדים
- 1 פלפל ירוק, קצוץ
- 2 גבעולי סלרי, קצוצים
- 4 שיני שום, קצוצות
- 6 כוסות מים
- 3 עלי דפנה
- ½ כפית טימין מיובש
- 1 כפית תיבול קריאולי
- 1 עצם בשר חזיר עם קצת בשר חזיר עליה, רצוי, או 2 קרסים או חצי קילו בשר חזיר
- מלח ופלפל שחור גרוס טרי, לפי הטעם
- 1 קילו נקניק מעושן, חתוך לעיגולים בעובי חצי סנטימטר
- 2 כפות פטרוזיליה עלים שטוחים קצוצים ועוד להגשה
- אורז לבן מבושל ארוך, להגשה

הוראות:

a) מניחים את השעועית בסיר גדול, מכסים במים, משרים ללילה ומסננים.
b) בסיר גדול וכבד מחממים את השמן ומאדים את הבצל, החלקים הלבנים של הבצל הירוק, הפלפל, הסלרי והשום.
c) במחבת גדולה משחימים את הנקניק. לְהַפְרִישׁ.
d) לסיר מוסיפים את השעועית, המים, עלי הדפנה, התימין, התיבול הקריאולי והחזיר ומביאים לרתיחה. מנמיכים את האש, מכסים ומבשלים במשך שעתיים, תוך ערבוב מדי פעם, מוסיפים את הנקניק 30 דקות לפני סיום הבישול.
e) מוציאים את עלי הדפנה, מערבבים פנימה את הפטרוזיליה ומגישים בקערות עם האורז. מפזרים על קערות עוד פטרוזיליה, אם רוצים.

21. Mushroom Gumbo & שעועית Instant Pot

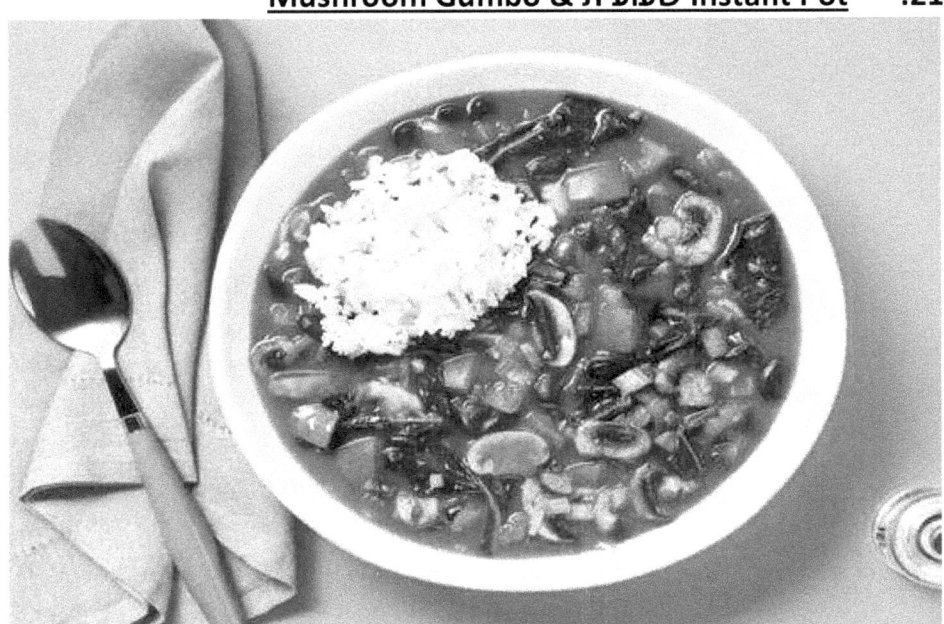

עושה: 4

רכיבים:
- 3 שיני שום, קצוצות
- 1 כוס פטריות, פרוסות
- 1 כוס שעועית כליה, מושרים למשך הלילה
- 1 פלפל חריף, קצוץ
- 2 כפות רוטב תמרי
- 2 קישואים בינוניים, פרוסים
- 2 כוסות ציר ירקות

הוראות:
a) מוסיפים את כל החומרים לסיר האינסטנט ומערבבים היטב.
b) סוגרים את הסיר במכסה ומבשלים על גבוה 8 דקות,
c) אפשר לשחרר לחץ באופן טבעי למשך 10 דקות ואז שחרר בשיטת השחרור המהיר.
d) מערבבים היטב ומגישים.

22. גומבו ז'הרבס

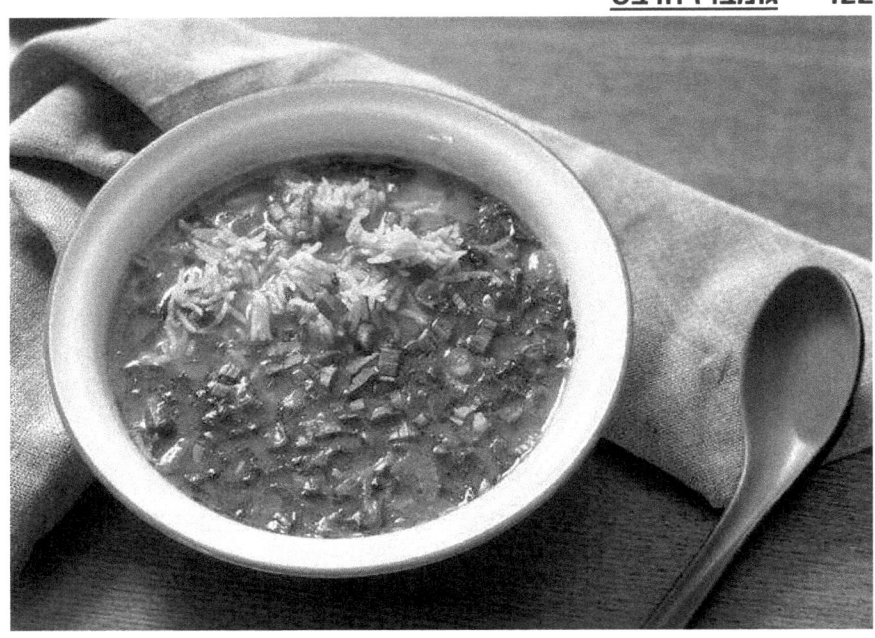

עושה 6 מנות

- 1/4 כוס שמן זית
- 1 בצל בינוני, קצוץ
- 1 פלפל ירוק בינוני, קצוץ
- 1 צלע סלרי, קצוצה
- 3 שיני שום, קצוצות
- 1/4 כוס קמח לכל מטרה
- 1 (14.5 אונקיות) פחית עגבניות חתוכות לקוביות, סחוטות
- 1 כפית מיורן מיובשת
- 1/4 כפית קאיין טחון
- 7 כוסות מרק ירקות
- 4 כוסות תרד טרי קצוץ גבעול
- 4 כוסות קייל גבעול קצוץ
- 2 צרורות גרגיר נחלים, גבעולים קשים הוסרו, קצוצים
- 1 צרור עולש בינוני
- מלח ופלפל שחור גרוס טרי
- 11/2 כוסות מבושלות או 1 (15.5 אונקיות) פחית שעועית כליה אדומה כהה, מנוקזת ושטופה
- 1 כפית רוטב טבסקו, או לפי הטעם
- 1/2 כפית אבקת פילה גמבו (לא חובה)
- 3 כוסות אורז לבן ארוך מבושל חם

a) בסיר מרק גדול מחממים את השמן על אש בינונית. מוסיפים את הבצל, הפלפל, הסלרי והשום. מכסים ומבשלים עד לריכוך, כ-10 דקות.

b) מערבבים פנימה את הקמח ומבשלים תוך כדי ערבוב מתמיד עד שהקמח מתכהה לצבע חום, כ-10 דקות. מערבבים פנימה את העגבניות, המיורן, הקאיין והמרק ומביאים לרתיחה.

c) מוסיפים את התרד, הקייל, גרגיר הנחלים והעולש. מנמיכים את האש לנמוכה, מתבלים במלח ופלפל שחור לפי הטעם, ומבשלים תוך כדי ערבוב מדי פעם עד שהירקות רכים, כ-20 דקות.

d) מוסיפים את השעועית, הפטרוזיליה והטבסקו ומבשלים עוד 10 דקות.

e) מערבבים פנימה אבקת פילה, אם רוצים, ומסירים מהאש.

f) כף 1/2 כוס אורז לכל קערת מרק רדודה, מצקת גמבו על האורז ומגישים.

23. <u>צ'ילי דגנים מעורב</u>

עושה: 12

רכיבים:

- 2 כפות שמן זית
- 2 בצלי שאלוט קצוצים
- 1 בצל צהוב גדול, חתוך לקוביות
- 1 כף ג'ינג'ר טרי, מגורר דק
- 8 שיני שום, כתושות
- 1 כפית כמון טחון
- 3 כפות אבקת פלפל אדום
- מלח
- פלפל שחור
- פחית 28 אונקיות של עגבניות מרוסקות
- 1 פלפל צ'יפוטלה משומר, קצוץ
- 1 פלפל סראנו, מזרעים וקצוץ
- 3 בצלים קצוצים
- ⅔ כוס בורגול
- ⅔ כוס גריסי פנינה
- 2¼ כוסות עדשים מעורבות, שטופות
- 1½ כוסות חומוס משומר

הוראות:

a) מחממים את השמן במחבת על אש גבוהה ומבשלים את השאלוט והבצל 5-4 דקות.
b) מטגנים דקה אחת עם ג'ינג'ר, שום, כמון ואבקת צ'ילי.
c) מערבבים עם העגבניות, הפלפלים והמרק.
d) מביאים את החומרים לרתיחה, למעט הבצל האביבי.
e) מנמיכים לאש נמוכה ומבשלים במשך 35 עד 45 דקות, או עד שמגיעים לסמיכות הרצויה.
f) מגישים חם ומפזרים בצל אביבי.

24. <u>שעועית אדומה ובולגור צ'ילי</u>

עושה 4 מנות

- 2 כפות שמן זית
- 1 בצל אדום בינוני, קצוץ
- 1 פלפל אדום בינוני, קצוץ
- 3 שיני שום, קצוצות
- 2 כפות אבקת צ'ילי
- 1/2 כפית אורגנו מיובש
- 1 (14.5 אונקיות) פחית עגבניות חתוכות לקוביות, סחוטות
- 2 כוסות סלסת עגבניות
- 3 כוסות מבושלות או 2 (15.5 אונקיות) פחיות שעועית כליה אדומה כהה, שטופה ומרוקנת
- 1 כוס מים
- 1 כוס בורגול
- 1 (4 אונקיות) פחית צ'ילי ירוק עדין קצוץ, סחוט

בסיר גדול מחממים את השמן על אש בינונית. מוסיפים את הבצל והפלפל, מכסים ומבשלים עד לריכוך, כ-7 דקות.

מערבבים פנימה את השום, אבקת הצ'ילי והאורגנו, ומבשלים, ללא כיסוי, עד ריחני, דקה אחת. מוסיפים את העגבניות, הסלסה, השעועית, המים, הבורגול, הצ'ילי והמלח.

מכסים ומבשלים, תוך ערבוב מדי פעם, עד שהבורגול רך והצ'ילי סמיך וטעים, כ-45 דקות. מגישים מיד.

25. שעועית לבנה, טורקיה וצ'ילי נקניקיות

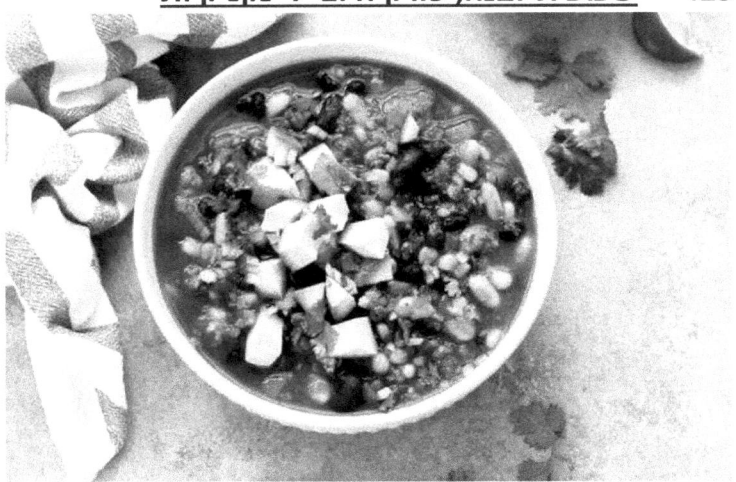

תשואה: 6 מנות

רכיבים

- 1 (1 אונקיה) חבילה קישורי נקניק איטלקי חם
- 1 כף שמן זית
- 2 קציצות הודו חתוכות לחתיכות בגודל ביס
- 1 כף כמון טחון
- 1 ½ כפיות אבקת שום
- 1 קורט מלח ופלפל שחור גרוס לפי הטעם
- 2 בצלים, קצוצים
- 8 שיני שום
- 4 (15 אונקיות) פחיות שעועית כליה לבנה (קנליני), שטופה ומרוקנת
- 3 פחיות (10.75 אונקיה) מרק עוף דל נתרן
- 1 כף כמון טחון
- 1 ½ כפיות אבקת שום
- 2 פלפלים פלפלי ג'לפנו, קצוצים
- 2 פלפלים פלפלי ג'לפנו שלמים

כיוונים

a) מחממים תנור ל-350 מעלות צלזיוס (175 מעלות צלזיוס).

b) עוטפים את הנקניקיות בנייר כסף, מניחים על תבנית עם נייר אפייה ואופים 30 דקות.

c) מחממים שמן זית במחבת גדולה מברזל יצוק על אש בינונית-גבוהה. מבשלים ומערבבים הודו בשמן חם עד להשחמה אחידה, כ-5 דקות.

d) מתבלים את הודו ב-1 כף כמון, 1 2/1 כפיות אבקת שום, מלח ופלפל שחור. מוסיפים בצל ושום להודו; ממשיכים לבשל ומערבבים עד שהבצל מתרכך, 5 עד 7 דקות.

e) יוצקים פנימה את השעועית הלבנה ומרק העוף. מתבלים ב-1 כף כמון ו-1 2/1 כפיות אבקת שום. מבשלים על אש בינונית, תוך ערבוב מדי פעם, במשך 30 דקות.

f) מערבבים פנימה את הג'לפנו הקצוץ ואת פלפלי הג'לפנו השלמים, אם רוצים.

g) מוציאים את הנקניקיות מהתנור וחותכים אותן לחתיכות בגודל ביס. מערבבים את הנקניק לתוך הצ'ילי.

h) מבשלים את הצ'ילי עד שכל פלפלי הג'לפנו רכים והצ'ילי סמיך, כ-15 דקות נוספות.

.26 מרק שעועית שחורה

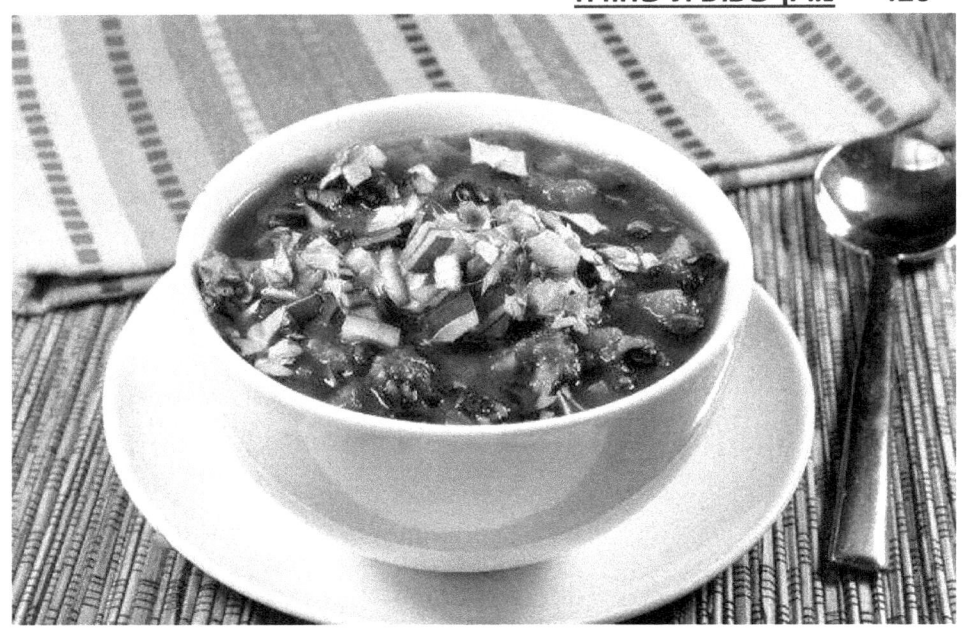

מכינה: 8 מנות

רכיבים:
- 4 שיני שום, קצוצות
- 8 אונקיות שעועית שחורה, שטופה והשרוה למשך הלילה
- 7 כוסות ציר עוף דל נתרן, או מים
- ½ כוס בירה שטוחה
- ¾ כוס רום כהה
- 2 בצלים, חתוכים לקוביות
- 2 כפות חמאה או מרגרינה
- 1 כוס סלרי, קצוץ דק
- 1 פלפל ירוק, מזרעים וחתוך לקוביות
- 1 פלפל אדום חריף, זרעים וחתוך לקוביות
- 2 פלפלי צ'ילי, מזרעים וטחונים
- 2 גזרים קלופים וחתוכים לקוביות
- ½ כוס שימורים של עגבניות מרוסקות
- 1½ כפות כמון טחון
- 1 כפית רוטב חריף אדום
- ½ כף אבקת צ'ילי
- ½ כפית פלפל שחור גרוס טרי
- ½ כפית מלח
- ¼ כפית פלפל קאיין
- 1 כף כוסברה טרייה, טחונה

הוראות

a) מסננים את השעועית השחורה ומשלבים אותה עם הציר, הבירה, הרום, השום וחצי מהבצלים בסיר.

b) מבשלים, תוך ערבוב מדי פעם, במשך שעה וחצי על אש נמוכה.

c) מוסיפים עד 2 כוסות מים רותחים ומבשלים במשך 15 דקות.

d) במעבד מזון טוחנים את תערובת השעועית.

e) ממיסים חמאה במחבת אחרת. מוסיפים את שאר הבצלים, יחד עם הסלרי, הפלפלים והגזר.

f) מטגנים את הירקות במשך 5 עד 7 דקות, או עד שהם רכים אך לא עיסתיים.

g) מוסיפים לסיר את הירקות המוקפצים, העגבניות המרוסקות, תערובת המחית והתבלינים.

h) מערבבים מדי פעם, מביאים לרתיחה ומבשלים כ-15 דקות.

i) מגישים מיד עם כף שמנת חמוצה או יוגורט.

27. <u>מרק שעועית אדומה</u>

מכינה: 8 מנות

רכיבים

- 1 בצל, קצוץ
- 2 גבעולי סלרי, קצוצים
- 6 צ'ילי סראנו או ג'לפנו, קצוצים
- 2 כוסות שעועית כליה מיובשת
- ¼ פאונד חזיר מלח
- 1½ ליטר מים
- מלח ופלפל לפי הטעם

הוראות

a) מערבבים את החומרים בסיר לבישול איטי.
b) מביאים לרתיחה, מנמיכים את האש ומבשלים שלוש שעות.
c) מערבבים עד לקבלת תערובת חלקה ואז מסננים.
d) מגישים את המרק חם מהכיריים.

28. אינסטנט סיר קינואה צ'ילי

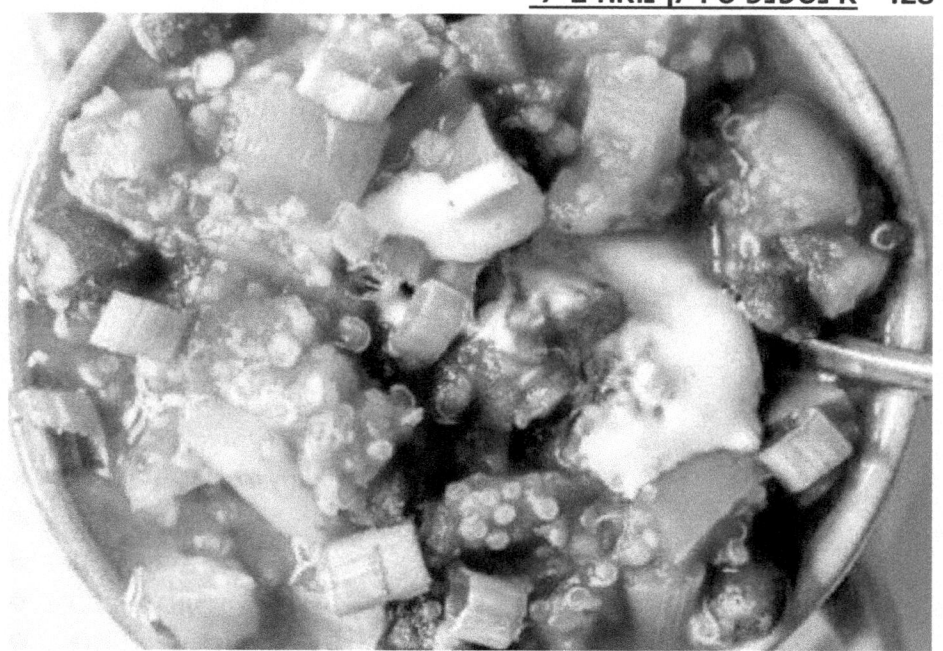

עושה: 5

רכיבים:

- 2/1 כוס קינואה לא מבושלת
- 1 כף אבקת צ'ילי
- 1 בצל בינוני, חתוך לקוביות
- 1 פלפל צ'יפוטלה ברוטב אדובו, קצוץ דק
- 1 ג'לפנו, הוסר זרעים, חתוך לקוביות
- 14 oz שעועית כליה, סחוטה ושטופה
- 3 שיני שום, קצוצות
- 2 כפות רסק עגבניות
- 2 פלפלים, חתוכים לקוביות
- 28 גרם עגבניות חתוכות לקוביות
- 1 כפית אורגנו
- 2/1 כפית פפריקה
- 1 כפית כמון
- 1 כוס מרק ירקות
- מלח ופלפל לפי הטעם

הוראות:

a) התחילו לשכב את המרכיבים לסיר האינסטנט עם הבצל, הפלפלים, תבליני השום ושאר הרכיבים. אין צורך לערבב את זה.

b) אטום את המכסה על הסיר המיידי וודא שהשסתום מוגדר ל"איטום".

c) לחץ על "בישול בלחץ" וכוון את הטיימר למשך 5 דקות לפחות. לאחר שהטיימר יוצא לדרך, אפשר ללחץ להשתחרר באופן טבעי למשך כ-10 דקות. ואז אם שסתום הציפה עדיין לא נפל, סובב בזהירות את השסתום לשחרור מהיר כדי לשחרר את הלחץ מהסיר המיידי.

d) לאחר שסתום הציפה יורד, אתה יכול להסיר בזהירות את המכסה.

e) מתבלים במלח, פלפל ומגישים מיד. למעלה עם כוסברה טרייה, שמנת חמוצה על בסיס צמחי ובצל ירוק.

29. תבשיל ראמן צ'ילי

עושה: 4

רכיבים:
- 3 חבילות אטריות ראמן
- 2 (15 אונקיות) קופסאות צ'ילי עם שעועית
- 1 (15 אונקיות) קופסאות שימורים עגבניות חתוכות לקוביות
- 8-4 אונקיות גבינה מגוררת

הוראות:
(a) יוצקים 6 מים 'ג בתבנית אפיה של 3 ליטר. שים את המכסה הניחו אותו במיקרוגל .למשד 3 עד 4 קדות כדי להתחמם.

(b) השתמשו ובמחבת למעד טעם את המארנ. מערבבים את האטריות לתוך המים החמים של התבשיל.

(c) שים את המכסה הניחו הזל להתבשל במיקרוגל בשמד 2 קדות. מערבבים את האטריות ובשלישו אותו בשמד 2 קדות נוספות.

(d) זורקים את עודף המים מהקדירה ושמרים בה את האטריות.

(e) מוסיפים את העגבניות עם הצ'ילי ומערבבים אותו ובטיה.

(f) מבשלים אותו במיקרוגל בעוצמה הגבוה הההוב למשד 5 קדות נוספות. עמל קדרת המארנ עם הגבינה המגוררת.

(g) שמים את המכסה ונתינו לו לבשל במסר קדות עד שהגבינה נמסה.

(h) הגישו את התבשיל שלכם חם.

(i) הנהת.

68

30. מדורה צ'ילי

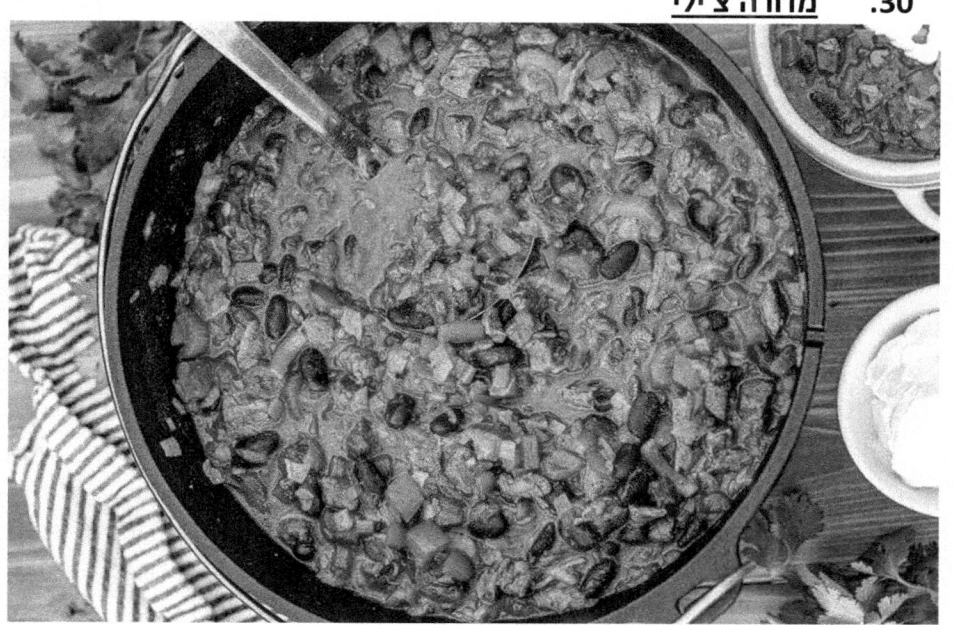

רכיבים:

- 1 קילו בשר בקר טחון
- 1 קופסת שעועית גדולה
- 1 קופסת עגבניות חתוכות לקוביות
- 1 קופסת עגבניות מרוסקות
- בצל ופלפל ירוק אם רוצים
- 1 מעטפה תערובת תיבול צ'ילי
- 1 קופסא Jiffy תערובת מאפינס תירס

הוראות:

a) כאשר בולי אש זוהרים באדום, סדר אותם בטבעת סביב חלל ריק בגודל הסיר שלך.

b) מניחים סיר בישול מברזל יצוק בחלל ומוסיפים את הבשר הטחון, הבצל והפלפלים. מבשלים ומערבבים עד שהבשר הטחון שחום.

c) מוסיפים עגבניות, רסק עגבניות ותערובת תיבול. מניחים מכסה על סיר הבישול ומניחים להתחמם.

d) בזמן שהוא מתחמם, מכינים את תערובת המאפינס לפי הוראות האריזה.

e) כשהצ'ילי חם, מורחים את תערובת המאפינס המוכנה על החלק העליון של הצ'ילי.

f) מניחים את המכסה בחזרה על הסיר. מניחים גחלים אדומות על המכסה ומבשלים עד שציפוי לחם התירס מוכן. כמה זמן זה ייקח תלוי עד כמה הגחלים שלך חמות. זה יכול להיות מעט כמו 15-20 דקות; או יכול להיות ארוך יותר.

g) מסירים את הסיר מהאש ומגישים.

31. <u>לחם תירס על צ'ילי</u>

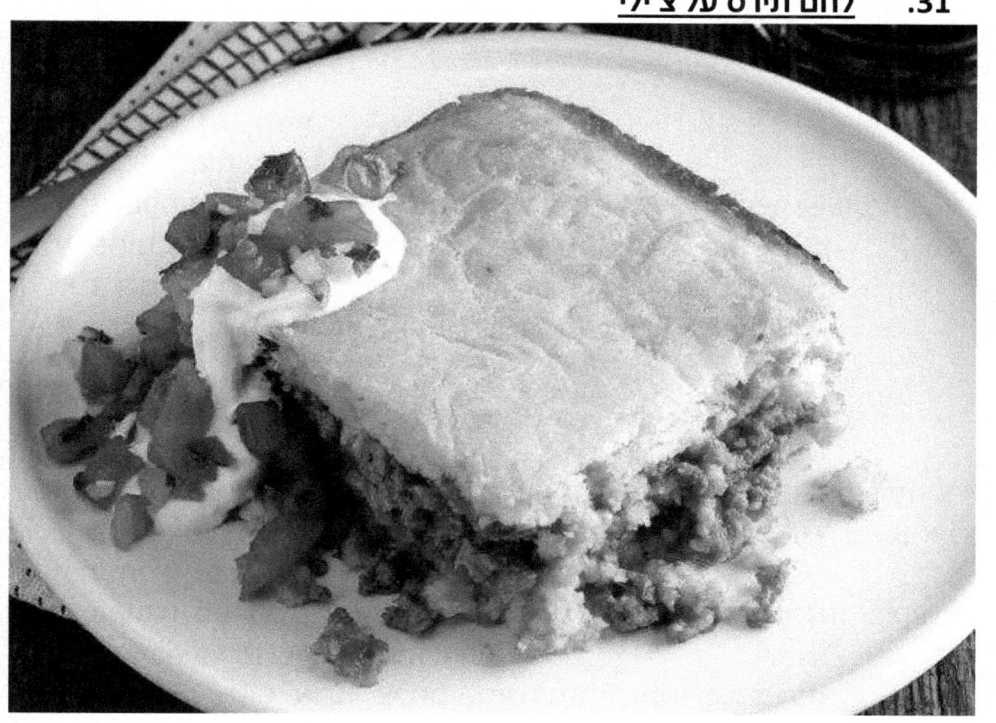

מכיל: 6-8 מנות

רכיבים:

● 1 בצל בינוני, קצוץ
● 1 כף חמאה או מרגרינה
● 2 קופסאות שימורים (15 אונקיות כל אחת) צ'ילי עם בשר ושעועית
● פחית אחת (11 אונקיות) תירס בסגנון מקסיקני, סחוט
● 1 כוס גבינת צ'דר מגוררת
● חבילה אחת תערובת לחם תירס (גודל תבנית 8x8 אינץ')

הוראות:

a) מחממים תנור ל-425 מעלות.

b) במחבת מטגנים בצל בחמאה עד שהבצל מתרכך. מערבבים פנימה צ'ילי ותירס. מורחים את תערובת הצ'ילי לתבנית משומנת בגודל 9x13 אינץ'. מפזרים גבינה מעל.

c) בקערה מערבבים תערובת לחם תירס לפי הוראות האריזה. יוצקים את הבלילה באופן שווה על תערובת הצ'ילי.

d) אופים 25 דקות, או עד שלחם התירס מזהיב ומתייצב במרכז.

72

32. <u>תבשיל אנצ'ילדה</u>

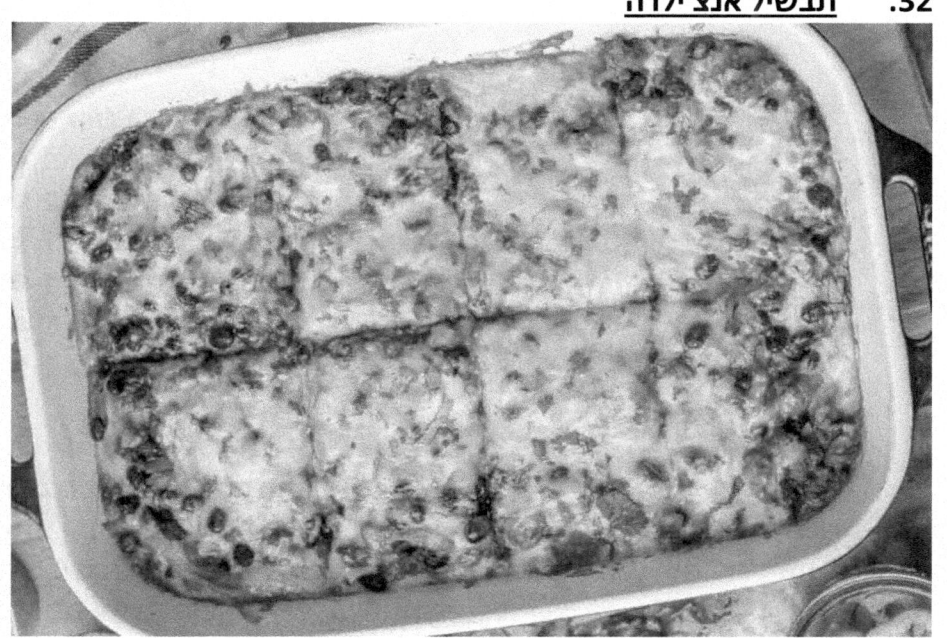

מכינה: 6 מנות

רכיבים:

- 1 קילו בשר בקר טחון, מושחם ומרוקן
- פחית אחת (15 אונקיות) צ'ילי, כל זן
- 1 קופסת (8 אונקיות) רוטב עגבניות
- 1 פחית (10 אונקיות) רוטב אנצ'ילדה
- 1 שקית (10 אונקיות) שבבי תירס פריטוס, מחולקים
- 1 כוס שמנת חמוצה
- 1 כוס גבינת צ'דר מגוררת

הוראות:

a) לחמם את התנור מראש ל -350 מעלות.

b) בקערה גדולה משלבים בשר בקר מבושל, צ'ילי, רוטב עגבניות ורוטב אנצ'ילדה. מערבבים פנימה שני שליש מהצ'יפס. מורחים את התערובת לתוך תבנית אפייה משומנת של 2 ליטר.

c) אופים, ללא כיסוי, 24-28 דקות, או עד שהם מתחממים.

d) מורחים שמנת חמוצה מעל. מפזרים גבינה על שמנת חמוצה. מרסקים את שאר הצ'יפס ומפזרים מעל.

e) אופים עוד 5-8 דקות, או עד שהגבינה נמסה.

74

33. צ'ילי חזיר בקרוקפוט

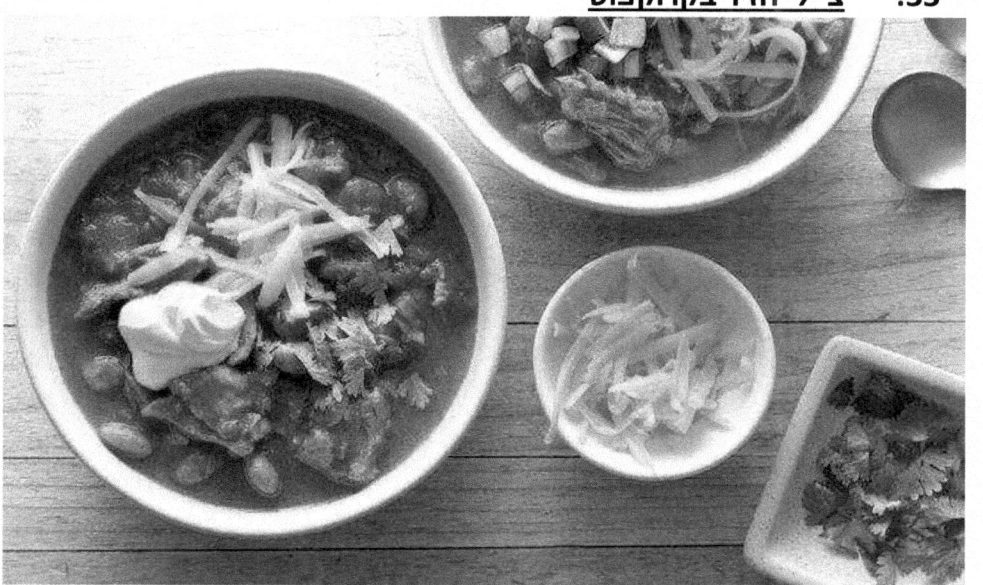

עושה: 8

רכיבים

- 1 כפית סוכר
- כמון, 1 כפית
- 2 כפיות אורגנו
- מלח, 1 כפית
- 3 פאונד חזיר ללא עצמות, חתוך לקוביות
- 3 כפיות רסק עגבניות
- 2 בצלים, קצוצים
- שום טחון, 2 שיני
- 2 כפות שמן סלט
- שמנת להקצפה, ½ כוס
- מים, 1 כוס

לשרת

- צ 'יפס טורטייה
- אבוקדו
- שמנת חמוצה

הוראות:

a) בשר חזיר חום בקרוקפוט עם שמן.
b) מוסיפים את הבצל, השום, אבקת הצ'ילי, הכמון והאורגנו.
c) מוסיפים את החזיר בחזרה למחבת יחד עם מים, סוכר, מלח ורסק עגבניות.
d) מוסיפים שמנת ומבשלים על נמוך במשך שעה.

34. מרק הרזיה עוף ושעועית

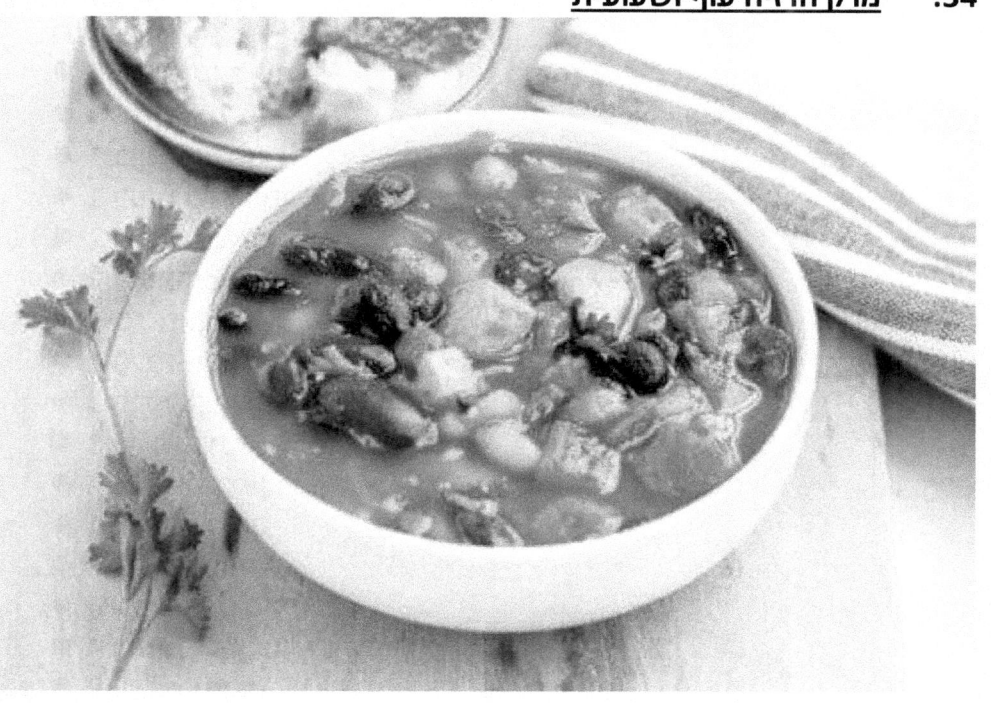

עושה: 8

רכיבים:

- 200 גר' חזה עוף
- מלח
- 1 בצל גדול קצוץ
- 1 כפית שמן זית
- 2 שיני שום, קצוצות
- 2 כוסות עגבניות שרי קצוצות
- 2 גזרים קצוצים
- 1 פלפל ירוק קצוץ
- 1 פלפל קצוץ
- 1 כף אבקת צ'ילי
- 1 ½ כפית כמון
- 1 כפית כורכום
- 1 כפית פפריקה
- ¼ כפית אורגנו מיובש
- 4 כוסות מרק עוף דל נתרן
- 2 כוסות תירס
- 500 גרם שעועית שחורה שטופה ומרוקנת
- 1 כוס כוסברה טרייה
- 1 כוס גבינה

הוראות:

a) מבשלים את חזה העוף במחבת מלאה במים על אש בינונית-גבוהה במשך 10 עד 15 דקות; קרע אותו.

b) יוצקים את שמן הזית לתוך סיר גדול ומחממים על אש בינונית.

c) מוסיפים את הבצל והשום למשך כ-5 עד 8 דקות או עד שהבצל שקוף.

d) שמים את העגבניות, הגזר, הפלפלים ומקציפים לערבב היטב בבלנדר או במעבד המזון.

e) מוסיפים את התבלינים וכפית למחבת של שלב 3. מוסיפים את העוף המגורר, את התערובת של שלב 4, את התירס, השעועית ו-4/2 כוס הכוסברה. אם נראה לכם שהמרק סמיך מדי, שימו מים.

f) מבשלים כשהמחבת מכוסה חלקית במשך 30 דקות עד שעה, עד שהתירס נשאר רך.

g) מגישים את המרק בעיטור הגבינה ושארית הכוסברה.

35. פוסול חזיר

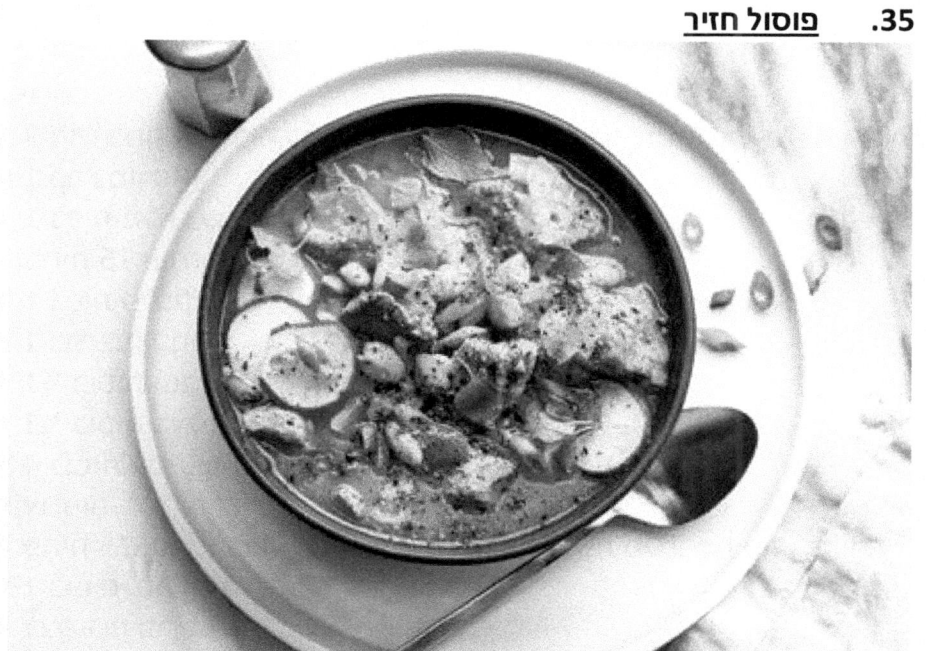

עושה: 10

רכיבים:

- 3 קילו כתף חזיר רזה ללא עצמות, קצוצה וחתוכה לחתיכות של 1½ אינץ'
- 1 כף כמון טחון
- 1 כפית מלח כשר
- פחית 15 אונקיות של הומיני לבן, סחוטה ושטופה
- 1 כפית פלפל שחור
- 1 כף שמן קנולה
- 1½ כוסות פובלנו צ'ילי קצוץ
- 1½ כוסות בצל צהוב קצוץ
- 4 כוסות ציר עוף ללא מלח
- צנוניות פרוסות דק
- פחית 15 אונקיות של שעועית פינטו ללא תוספת מלח, סחוטה ושטופה
- 1 כוס סלסה ורדה
- בצל ירוק פרוס דק
- עלי אורגנו טריים

הוראות:

36. מפזרים את החזיר בצורה שווה עם הכמון, המלח והפלפל השחור. מחממים את השמן במחבת על אש בינונית. מוסיפים מחצית מבשר החזיר למחבת; מבשלים, תוך ערבוב מדי פעם, עד להזהבה, כ-4 דקות. מעבירים לקרוקפוט. חזור על ההליך עם שאר החזיר.
37. מוסיפים את הפובלאנו צ'ילי והבצל, ומקורמלים קלות, כ-5 דקות.
38. מוסיפים ½ כוס מהציר למחבת ומערבבים כדי לשחרר את החתיכות השחומות מתחתית המחבת; העברה לקרוקפוט.
39. מוסיפים פנימה את הסלסה ורדה, הומיני, שעועית פינטו, ואת 3½ כוסות הציר הנותרות.
40. מבשלים לאט עד שהבשר רך, כ-7 וחצי שעות.
41. מועבים חלק מהשעועית והומיני עם מועך תפוחי אדמה.
42. מגישים את המרק עם פרוסות צנוניות, בצל ירוק ועלי אורגנו.

36. <u>תבשיל צ'ילי מוצרלה</u>

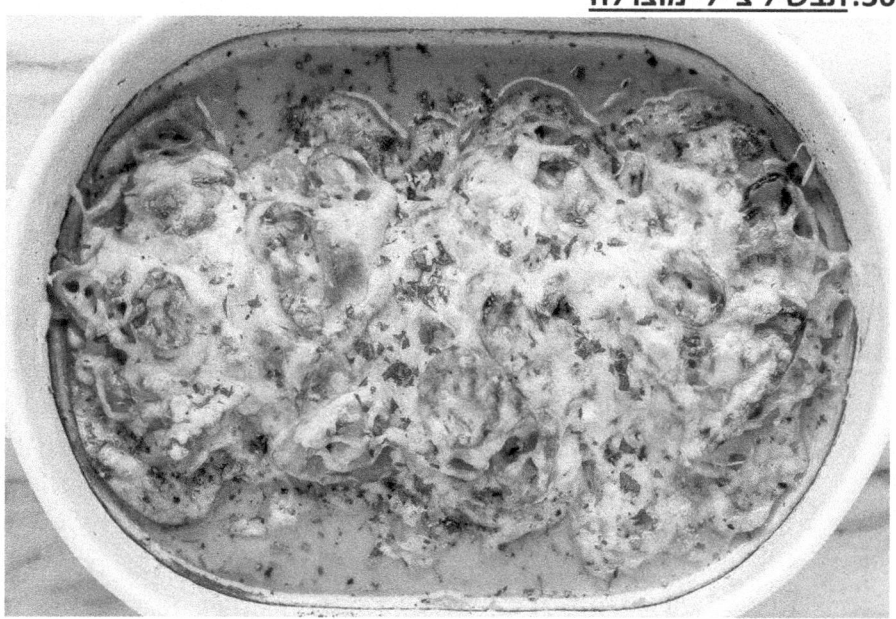

עושה: 4

רכיבים:

- 16 אונקיות בשר בקר טחון רזה במיוחד
- 28 אונקיות רוטב ספגטי
- 16 אונקיות פסטה רוטיני
- 16 אונקיות גבינת מוצרלה מגוררת

הוראות:

a) מבשלים פסטה במים רותחים במשך 10 דקות או עד שהאטריות רכות אך מוצקות לפי הטעם.
b) מחממים תנור ל-F 350
c) מרססים תבשיל קדרה בספריי בישול ומניחים בצד.
d) מבשלים בשר בקר במחבת גדולה על אש בינונית עד להשחמה אחידה ופירורית. מסננים את עודפי השומן מהתבנית.
e) מוסיפים לבשר הבקר במחבת רוטב ספגטי ופסטה.
f) בתבשיל הקדרה המוכן מסדרים שכבת בשר ואחריה שכבת גבינה וחוזרים על הפעולה עד שהמרכיבים נעלמים.
g) אופים במשך 25 דקות או עד שהגבינה נמסה ומבעבעת.

37. <u>חזיר ופלפל צ'ילי</u>

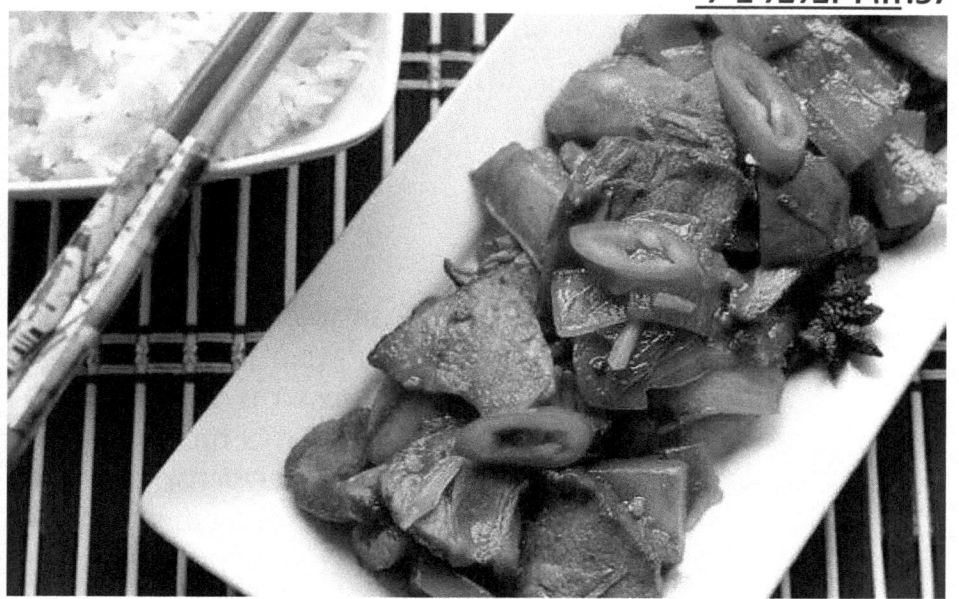

עושה: 4

רכיבים:
- 1 בצל אדום, קצוץ
- 2 קילו חזיר, טחון
- 4 שיני שום, קצוצות
- 2 פלפלים אדומים, קצוצים
- 1 גבעול סלרי, קצוץ
- 25 אונקיות עגבניות טריות, קלופות, מרוסקות
- ¼ כוס צ'ילי ירוק, קצוץ
- 2 כפות אורגנו טרי, קצוץ
- 2 כפות אבקת צ'ילי
- קורצים מלח ופלפל שחור
- טפטוף שמן זית

הוראות:
a) מחממים מחבת עם השמן על אש בינונית-גבוהה ומוסיפים את הבצל, השום והבשר. מערבבים ומשחימים במשך 5 דקות ואז מעבירים לסיר לבישול איטי.

b) מוסיפים את שאר המרכיבים, מערבבים, מכסים ומבשלים על נמוך במשך 8 שעות.

c) מחלקים הכל לקערות ומגישים.

38. מרק טאקו עוף בקרוקפוט

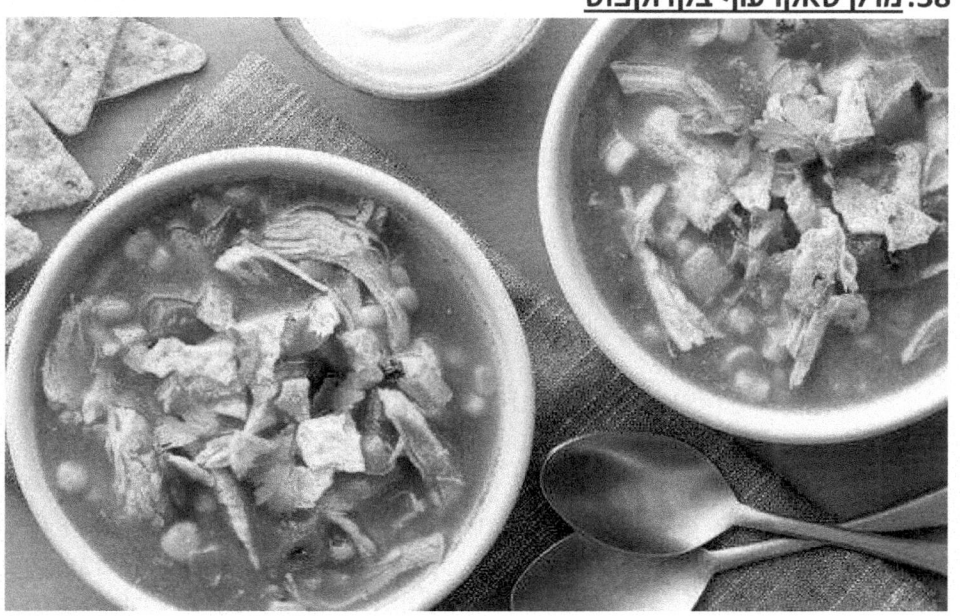

עושה: 6

רכיבים:
- 2 חזה עוף קפוא ללא עצמות
- 2 קופסאות שעועית לבנה או שעועית שחורה
- 1 קופסת עגבניות חתוכות לקוביות
- ½ חבילת תיבול טאקו
- ½ כפית מלח שום
- 1 כוס מרק עוף
- מלח ופלפל לפי הטעם
- צ'יפס טורטיה, גבינה שמנת חמוצה וכוסברה כתוספות

הוראות:
g) הכניסו את העוף הקפוא לסיר החרס והכניסו גם את שאר המרכיבים לבריכה.

h) מניחים להתבשל כ-6-8 שעות.

i) לאחר הבישול, מוציאים את העוף ומגרסים אותו לגודל הרצוי.

j) לבסוף, מניחים את העוף המגורר לתוך הסיר ומניחים אותו על סיר איטי. מערבבים ומניחים להתבשל.

k) אתה יכול להוסיף עוד שעועית ועגבניות גם כדי לעזור למתוח את הבשר ולהפוך אותו לטעים יותר.

39. שעועית צ'י עם אזוב ים

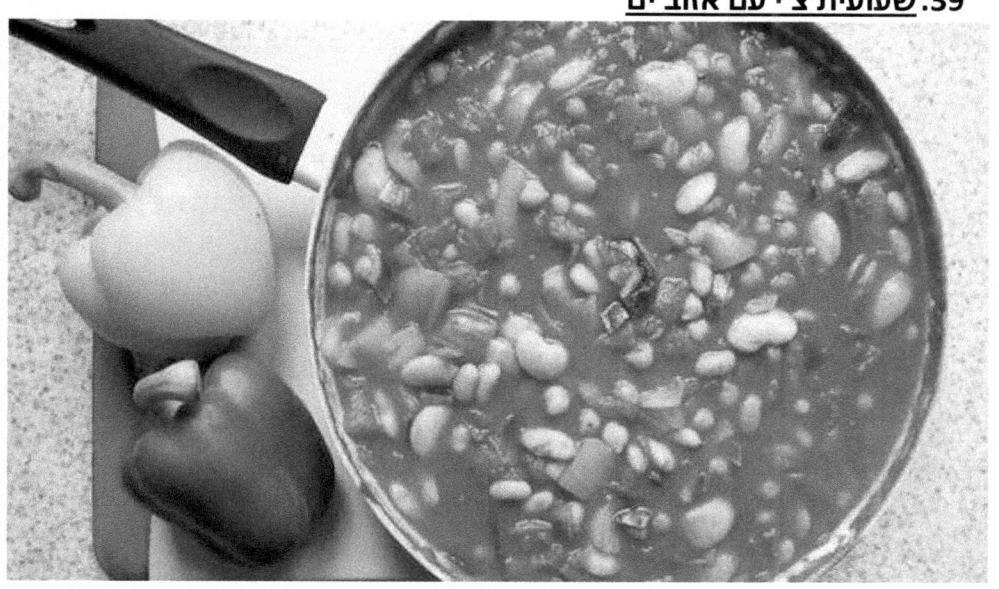

עושה: 4

רכיבים:

- 1 בצל
- 3 שיני שום
- 1 קופסת עגבניה קצוצה
- 2 כפות רסק עגבניות
- 1 כוס שעועית כליה אדומה
- ½ כוס שעועית חמאה
- ½ כוס שעועית פינטו
- 1 כוס פלפל צהוב/ירוק
- 2 אונקיות ג'ל מוס ים
- 1 צ'ילי טרי
- 2 כפות אמינו נוזלי
- ½ כפית כמון טחון
- ½ כפית כוסברה טחונה
- חצי קוביית ציר ירקות ללא שמרים
- מלח הימלאיה ופלפל שחור גרוס

הוראות:

a) שוטפים את השעועית (ולרוקן) והירקות במים מסוננים, ואז קוצצים את הבצל והפלפלים.

b) מחממים 50 מ"ל מים אלקליים בסיר, ומוסיפים פנימה ג'ל אזוב ים, בצל, שום ופלפלים לטיגון באדים עד לריכוך.

c) מוסיפים פנימה את השעועית, המלח והפלפל. מבשלים 5 דקות.

d) מוסיפים עגבנייה קצוצה, רסק, צ'ילי, כמון, כוסברה ואמינוס וכותשים בקוביית הציר.

e) מערבבים היטב ומכסים במכסה, נותנים לזה להתבשל על אש נמוכה במשך 20 דקות.

f) בדוק את זה, והוסף עוד תיבול לפי הצורך.

g) מגישים עם אורז חום.

40. עוף צ'ילי בחלב קוקוס

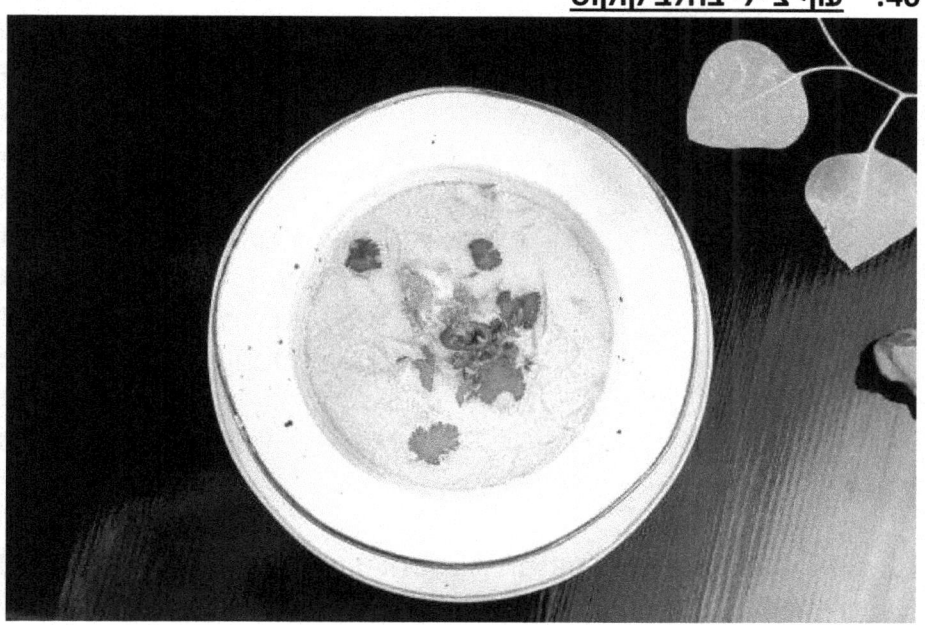

רכיבים:

- 1 קילו עוף ללא עצמות וללא עור, חתוך לקוביות
- 1 כף צ'ילי אדום סמבל
- 3 כפות גהי
- ½ כפית זרעי חרדל
- 8 עלי קארי טריים
- 2 כפיות משחת ג'ינג'ר-שום
- 2 עגבניות קטנות, קצוצות
- ½ כפית אבקת כורכום
- מלח שולחן, לפי הטעם
- מים, לפי הצורך
- חלב קוקוס, לקישוט

הוראות:

41. בקערה מערבבים את העוף והסמבל. מניחים בצד למשך 15 דקות.
42. מחממים את הגהי במחבת בגודל בינוני. מוסיפים את זרעי החרדל; כשהם מתחילים לקטט, מוסיפים את עלי הקארי, משחת הג'ינג'ר והעגבניות.
43. מטגנים כ-8 דקות ולאחר מכן מוסיפים את הכורכום והמלח ומערבבים היטב. מוסיפים כ-1 כוס מים ומבשלים, ללא כיסוי, במשך 10 דקות.
44. מוסיפים את העוף (יחד עם כל סמבל הצ'ילי האדום) ומבשלים על אש בינונית עד שהעוף מוכן, כ-5 דקות.
45. מקשטים בחלב הקוקוס ומגישים חם.

One-Pot Turkey Chili Mac.41

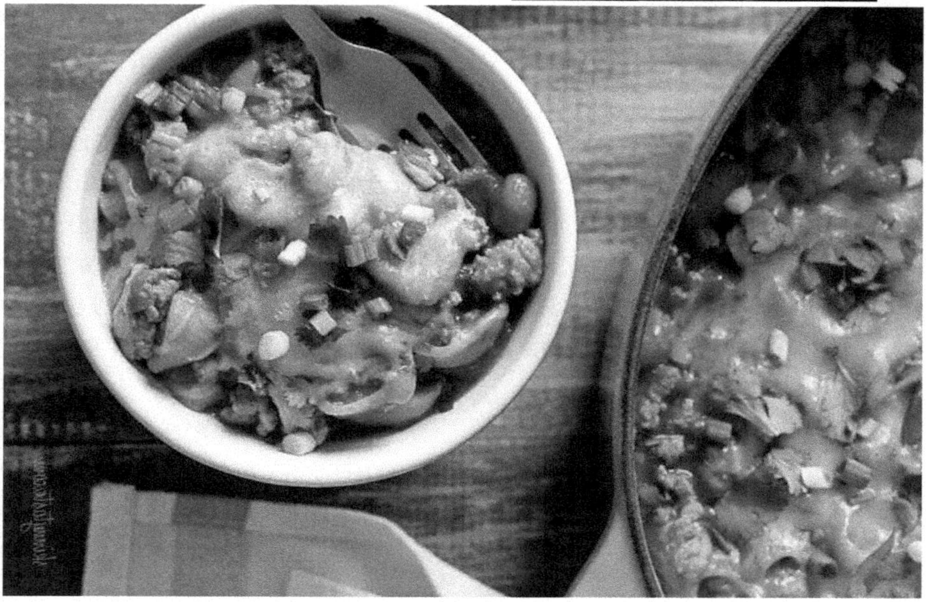

רכיבים:

- 1 כף שמן קוקוס
- 1 קילו הודו טחון
- ½ כפית מלח כשר
- ¼ כוס בצל, חתוך לקוביות
- 2 גבעולי סלרי, חתוכים לקוביות
- ½ כוס פלפל חריף, חתוך לקוביות
- 4 כוסות מרק עוף (2 קרטונים)
- 1 (16 אונקיות) צנצנת סלסה בינונית ועבה שמנמנה
- פחית 1 (15-16 אונקיות) שעועית כליה אדומה מופחתת נתרן, סחוטה
- 1 (1.25 אונקיות) חבילת תבלין צ'ילי
- 8 אונקיות מקרוני מרפק
- 2 אונקיות גבינת צ'דר, חתוכה לקוביות
- 1 (oz-8) פחית רוטב עגבניות ללא תוספת מלח
- עלי פטרוזיליה לקישוט

הוראות:

d) מחממים שמן בסיר גדול על בינוני-גבוה. מניחים הודו טחון בתבנית ומתבלים במלח. מבשלים 3-4 דקות, בעזרת המרית כדי לפורר את הבשר.

e) מערבבים פנימה בצל, סלרי ופלפל, מבשלים עוד 2 דקות עד שההודו מבושל. מוסיפים מרק, סלסה, שעועית ותערובת תיבול. להביא לרתיחה.

f) מערבבים פנימה פסטה; מבשלים 8 דקות תוך ערבוב מדי פעם. בינתיים חותכים גבינה לקוביות קטנות. מערבבים פנימה רוטב עגבניות ומבשלים עוד דקה אחת. מגישים את הצ'ילי עם גבינה ופטרוזיליה.

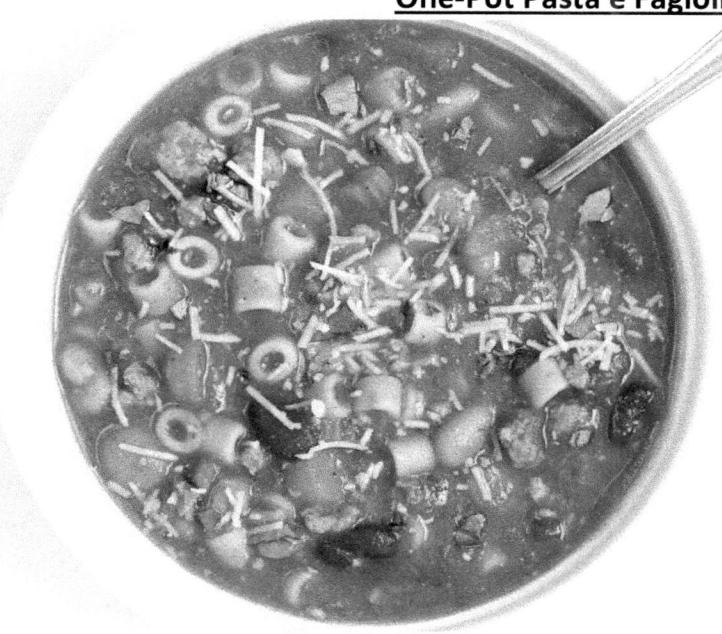

One-Pot Pasta e Fagioli .42

רכיבים:

- 1 כף שמן זית כתית מעולה
- 1 קילו בשר בקר רזה
- מלח לטעימה
- 1 כפית אורגנו מיובש
- 1 בצל בינוני, חתוך לקוביות
- 1 כוס גזר, חתוך לקוביות
- 2 גבעולי סלרי, פרוסים
- 1 עגבנייה גדולה, חתוכה לקוביות
- 1 (15 אונקיות) קופסת שעועית אדומה, שטופה ומרוקנת
- 2 כוסות מרק בקר
- 2 כוסות רוטב ספגטי
- 8 אונקיות קליפות פסטה
- 2-1 כפיות רוטב חריף, לא חובה
- ¼ כוס פטרוזיליה טרייה קצוצה
- פלפל שחור טחון טרי
- ½ כוס גבינת פרמזן מגוררת או טרייה

הוראות:

- בסיר גדול מחממים שמן זית על אש בינונית. מוסיפים בשר בקר טחון ומפרקים אותו בעזרת מרית. מבשלים עד שהבשר מתחיל להשחים. בינתיים מתבלים במלח ואורגנו.
- מוסיפים לסיר בצל, גזר, סלרי ועגבניות. מערבבים היטב ומבשלים כ-10 דקות תוך ערבוב מדי פעם.
- מוסיפים שעועית, מרק בקר, רוטב ספגטי, ואחריו קונכיות פסטה; לטפטף רוטב חריף בסיר אם משתמשים; מערבבים ומערבבים היטב. מביאים לרתיחה ולאחר מכן מבשלים 15-20 דקות על אש בינונית-נמוכה, או עד שהפסטה רכה.
- מוסיפים פלפל שחור גרוס טרי לפי הטעם ומערבבים פנימה פטרוזיליה, ואז מעל גבינת פרמזן. מנה, מקשטים בעוד פטרוזיליה או גבינה. תהנה!

43. מרק מרק אטריות בקר של סצ'ואן

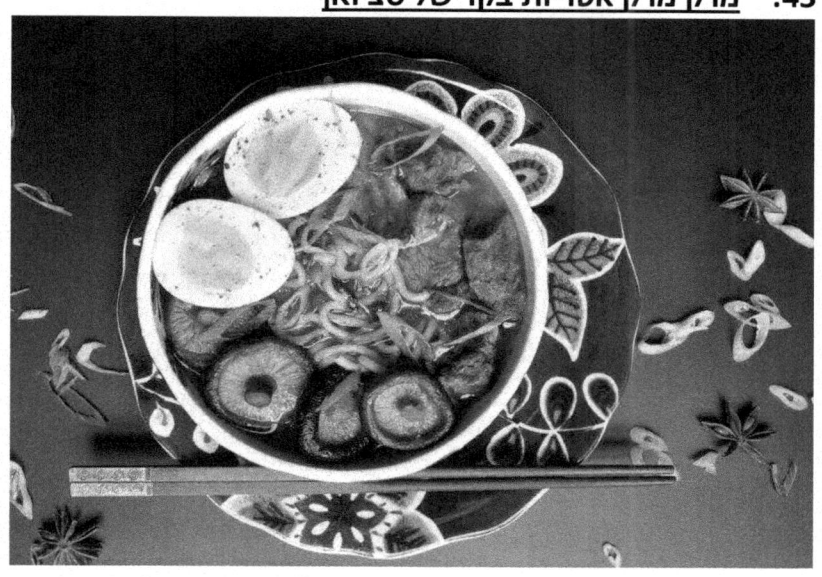

רכיבים:

- 1 קילו בשר תבשיל בקר
- ¼ כוס רוטב שעועית צ'ילי חריף
- 4 אונקיות גרגיר הנחלים
- 2 כפות סוכר חום
- 15-12 פטריות שיטאקי
- 5 כפות שמן זית, מחולק
- 4 ביצים, מבושלות רכות
- אניס 3 כוכבים
- 8 אונקיות אטריות סיניות, או ראמן, או אודון
- 2 כפיות אבקת חמישה תבלינים
- גוש ג'ינג'ר בגודל 1 אינץ', פרוס
- 2 כפות רוטב סויה
- 4 שיני שום, מרוסקות ופרוסות גס
- 1 גבעול בצל ירוק, קצוץ לקישוט
- 5 כוסות מרק בקר
- שמן שומשום
- 1 כף יין אדום
- מלח ופלפל

הוראות:

a) מניחים בשר תבשיל בקר בקערה בינונית; להוסיף יין אדום וקורט מלח ופלפל; מערבבים היטב.

b) בסיר גדול מחממים 2 כפות שמן זית על אש בינונית-גבוהה; מוסיפים בשר בקר מתובל, מערבבים עד שהחלק החיצוני של הבקר מתחיל להזהיב (בערך 5 דקות).

c) מוסיפים 5 כוסות מרק בקר לסיר. מעבירים לאש גבוהה ומביאים לרתיחה ואז מבשלים.

d) בזמן שהבשר מתבשל מחממים 3 כפות שמן זית על אש בינונית-גבוהה במחבת קטנה (כ-2 דקות).

e) מוסיפים סוכר ומטגנים עד שהוא מתחיל להזהיב; בעת הוסף כוכב אניס, אבקת חמשת תבלינים, ג'ינג'ר ושום; מערבבים כ-10 שניות; להוסיף במהירות רוטב שעועית צ'ילי. מערבבים היטב ומבשלים על נמוך כדקה.

f) מעבירים את תערובת רוטב שעועית הצ'ילי לסיר הגדול; מוסיפים רוטב סויה, ואז מבשלים במשך 25 דקות.

g) בינתיים מרתיחים ביצים. (הביאו 4 כוסות מים לרתיחה בסיר קטן, הוסיפו בעדינות ביצים והניחו להן לרתיחה 4 ½ דקות עבור ביצים רכות או 5 דקות עבור ביצים קשות. מסננים ונותנים לביצים לשבת במים קרים 5 דקות לפני פִּילִינג.)

h) לאחר 25 דקות של רתיחה, מוסיפים לסיר אטריות ופטריות; להביא לרתיחה. ברגע שמרק מרק אטריות הבקר רותח, מוסיפים גרגיר נחלים, ומיד מכבים את האש. מערבבים עד שהירק מתחיל לנבול.

i) להגשה, חלקו את מרק מרק האטריות ל-4 קערות באופן שווה; לטפטף שמן שומשום. מניחים בכל קערה ביצה רכה אחת; מפזרים בצל ירוק קצוץ. תהנה!

44. <u>מרק עוף-ירקות קריבי</u>

רכיבים:

- 1 כוס בצל קצוץ
- ½ כוס סלרי קצוץ
- ½ כוס פלפל אדום וירוק, חתוך לקוביות
- ½ כפית טימין מיובש
- 1 כוס מים
- 2 עלי דפנה
- 1 כפית אבקת צ'ילי
- ½ כפית אבקת קארי
- ¼ כפית פלפל אנגלי טחון
- 4½ כוסות מרק עוף דל נתרן, נטול שומן
- ⅛ כפית פלפל שחור גרוס טרי
- 1¼ פאונד חצאי חזה עוף ללא עור, עם עצם
- ¼ כוס אורז לבן, מידה יבשה
- 14½ אונקיה שעועית שחורה, מבושלת, שטופה ומרוקנת

הוראות:

a) מערבבים את השמן, הסלרי, הפלפל האדום או הירוק והבצל בסיר גדול.
b) מבשלים את הירקות במשך 5 דקות תוך כדי ערבוב לעתים קרובות על אש גבוהה.
c) מוסיפים את המים, עלי דפנה, אבקת צ'ילי, אבקת קארי, טימין, פלפל אנגלי ופלפל שחור תוך כדי ערבוב במרק.
d) מביאים לרתיחה לאחר הוספת העוף.
e) מבשלים במשך 25 דקות, או עד שהעוף מבושל היטב. מערבבים באופן קבוע.
f) כשהעוף קריר מספיק כדי לטפל בו, הניחו אותו בצד.
g) חותכים את העוף לחתיכות בגודל ביס לאחר הוצאת העצמות.
h) מוסיפים לסיר את השעועית והאורז.
i) מבשלים במשך 15 דקות, או עד שהאורז רק רך.
j) מחזירים את העוף לסיר ומבשלים 5 דקות.
k) זורקים את עלי הדפנה.
l) מגישים בתוספת יוגורט נטול שומן ופלפל אדום קצוץ.

45. מרק ציר חזיר ושעועית

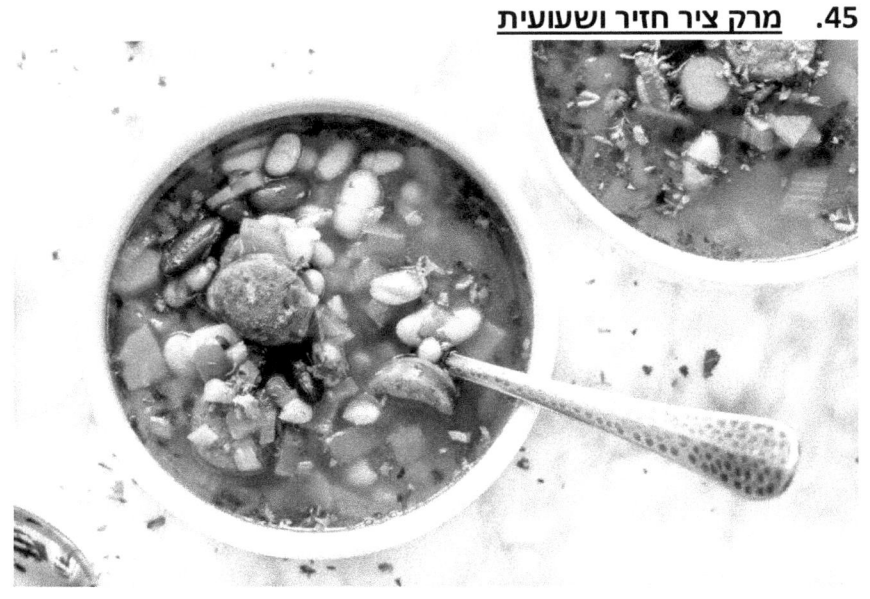

רכיבים:

- 1 כוס פולי סויה שחורים מיובשים, מושרים ללילה ומסננים
- 1 כוס בצל, חתוך לקוביות
- 1 כוס גבעולי סלרי, חתוכים לקוביות
- 4 שיני שום, טחונות
- 1 כפית אורגנו מיובש
- 1 כפית מלח
- 1 כפית תיבול קייג'ון
- 1 כפית עשן נוזלי
- 2 כפיות תיבול לכל מטרה
- 1 כפית רוטב לואיזיאנה חם
- 2 שינקן קרסים
- 2 כוסות חזיר, חתוך לקוביות
- 2 כוסות מים

הוראות:

a) מניחים את כל החומרים בסיר האינסטנט ומערבבים לאיחוד.

b) מניחים ונועלים את המכסה, ומגדירים ידנית את זמן הבישול ל-30 דקות בלחץ גבוה.

c) בסיום תן ללחץ להשתחרר באופן טבעי למשך 10 דקות ולאחר מכן שחרר אותו במהירות.

d) מסירים את הבשר מהעצם ומגרסים את כל הבשר, זורקים את העצמות.

e) מערבבים לאיחוד, ומגישים חם.

46. שעועית וברוקולי צ'ילי

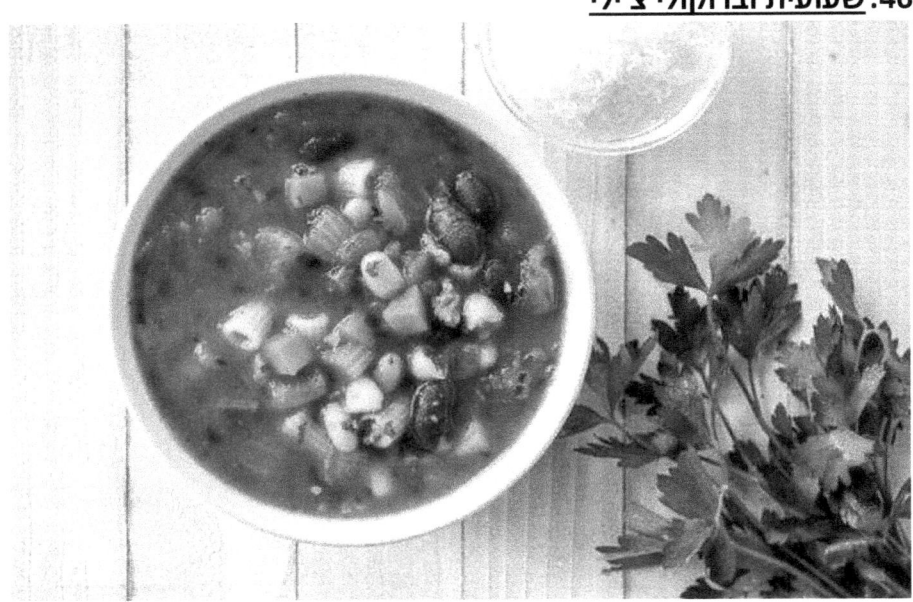

עושה: 2

רכיבים:
- 1 צרור תרד
- מלח הימלאיה ופלפל שחור גרוס טרי
- 2 כפות רסק עגבניות
- 1 בצל, קצוץ
- 1 שן שום, כתושה
- 1 צ'ילי אדום, פרוס דק
- ½ כפיות כמון טחון
- ½ כפית כוסברה טחונה
- 1 ראש ברוקולי, קצוץ קטן
- 1 קופסת עגבניות קצוצות
- פרוסות ליים, להגשה
- ½ קוביית ציר ירקות ללא שמרים
- Dash Liquid Aminos
- פחית 200 גרם שעועית אדומה, סחוטה

הוראות:

a) מחממים ציר ומאדים את הבצל והשום.

b) מוסיפים את קוביית הציר, העגבניות, רסק העגבניות, הצ'ילי, הכמון, הכוסברה, רוטב האמינוס, מלח ופלפל.

c) מבשלים כ-20 דקות.

d) מערבבים את השעועית והכוסברה הטרייה בקערת מיקסר ומבשלים עוד 9 דקות.

e) מעל ברוקולי גולמי ותרד.

מכיל: 6-8 מנות

רכיבים:
- 1 קילו בשר בקר טחון, מושחם ומרוקן
- חבילה אחת (8 אונקיות) ספגטי, מבושל ומרוקן
- ½ כוס בצל קצוץ
- 1 כוס שמנת חמוצה
- 2 קופסאות שימורים (8 אונקיות כל אחת) רוטב עגבניות
- פטריות חתוכות לקוביות של 4 אונקיות
- 2 קופסאות שימורים (16 אונקיות כל אחת) צ'ילי, מכל סוג
- 1 שן שום, קצוצה
- 2 כוסות גבינת צ'דר מגוררת

הוראות:
a) לחמם את התנור מראש ל -350 מעלות.
b) בקערה גדולה מערבבים את כל החומרים מלבד הגבינה.
c) מעבירים את התערובת לתבנית משומנת בגודל 9x13 אינץ'. מעל גבינה.
d) אופים 20 דקות.

48.קערת בוריטו ארוחת בוקר מנגו ושעועית

מנות:4

רכיבים

- 1 חבילה של אורז ירוק
- 1 (15 אונקיות) קופסת שעועית שחורה, שטופה ומרוקנת
- 2 מנגו בשלים בינוניים עד גדולים, חתוכים לקוביות
- 1 אבוקדו חתוך לקוביות או פרוס
- 1 פלפל אדום, חתוך לקוביות
- 1 כוס תירס, צלוי, נא או מוקפץ
- ½ כוס כוסברה חתוכה לקוביות
- ¼ כוס בצל אדום חתוך לקוביות
- 1 ג'לפניו, פרוס
- חבישות אופציונליות:
- מנגו ג'לפניו כוסברה
- ליים כוסברה
- רוטב קשיו ג'לפניו

הוראות הגעה

a) תחילה מבשלים את האורז לפי ההוראות במתכון. בזמן שהאורז שלך מתבשל, אתה יכול לקצוץ את כל הירקות והפירות שלך לקערות.

b) כשמסיימים, מחלקים את האורז בין ארבע קערות, ואז מחלקים שעועית שחורה, מנגו, אבוקדו, פלפל אדום, תירס, כוסברה, בצל אדום ופרוסות ג'לפניו באופן שווה בין הקערות.

c) מגישים עם פלחי ליים.

49.אורז ארוך ושעועית פינטו

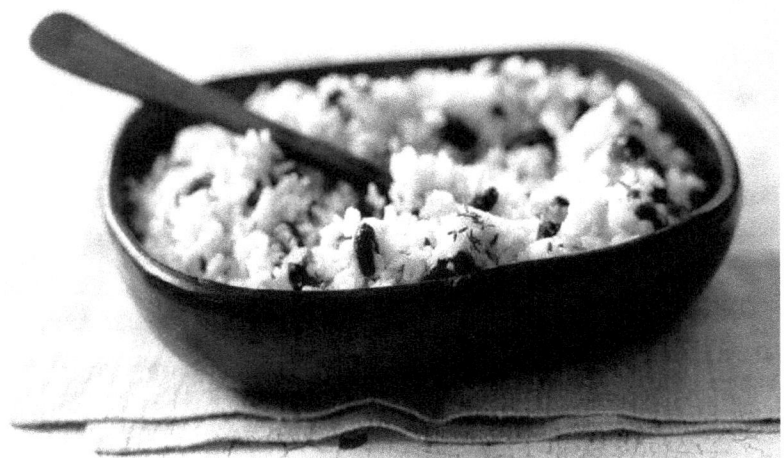

מנות:4

רכיבים

- 50 מ"ל/2 פלט אונקיות שמן צמחי
- 1 בצל, קצוץ דק
- 300 מ"ל/½10 אונקיות. אורז ארוך
- 400 מ"ל/½14 אונקיות. מים
- 400 מ"ל/½14 אונקיות. חלב קוקוס
- 400 גרם/¼14oz שעועית פינטו פח, שטופה ומרוקנת
- 3 כפות טימין טרי
- מלח ופלפל שחור גרוס טרי
- כוסברה טרייה, לקישוט

כיוונים

a) מחממים את השמן במחבת ומטגנים את הבצל עד לשקיפות.

b) מוסיפים את האורז, מערבבים היטב ומוסיפים את המים וחלב הקוקוס. להביא לרתיחה.

c) מוסיפים את שעועית הפינטו והתימין, מבשלים ומכסים כ-20 דקות עד שהאורז מוכן. מתבלים במלח ופלפל שחור גרוס טרי.

d) מגישים מעוטר בכוסברה.

50. עוף ליים עם אורז ארוך מטוגן בביצה

מנות: 2

רכיבים
רבע האופ
2 חזה עוף ללא עור
2 כפות שמן שומשום
2 כפיות שמן צמחי
2 כפות רוטב סויה
2 שיני שום קצוצות דק
½ לימון, גרידה מגוררת ומיץ
מלח ופלפל שחור גרוס טרי
1 כף דבש שקוף
רבע האורז
2 כפות שמן אגוזים
2-3 כפות שמן שומשום
2 ביצי חופש, טרופים קלות
להתיז רוטב סויה
2 בצלים קצוצים דק
50 גרם שעועית פינט ובמשלת
150 גרם/5 גרם אורז ארוך דגן, במשלש
מלח ופלפל שחור גרוס טרי
3-4 כפות כוסברה קצוצה
פרוסות ליים, להגשה

כוונים

כדי לפרפר, הזה הפועה מנחים סטם על עלא קרש שמשתמשים בסכן הדד כדי לחתוד

במקביל לקרש החתיד שלושת עבר ירד כל לך הזה.

פתח וכל הזה פועה והצוחה כד שישי ויהיו שני הזה פועה גדוליס וקידם יותר.

מנחים אותם בקערה עם כף את אחד של שמה השמושום, צמח וחמיחי, טור בסוי היום, שום,

גריד לימול וקמיץ.

מתבלים במלח פלפלו שחור טרו סורג ומערביבים דאיהוד. בקערה נפרדת מערבבים את

הדדה עם שמה השמושות.

מחממים בחם פספ על אש ביבוני-גבוהה עד לעישו ואז מנחים את פועה השרת

ומבשלים 2-3 תוקד בערישים אותו ואו פעם פעמים בתערובת הדדה

והשמושות.

בסוים שי לצלות את הפועה בגריל לחבוך מבשלת להבסותכן. מנחים המחון של 2-3

תוקד.

בינתיים, ארובה האזרו, מחממים כמות קו על אש גבוה ואז מוסיפים את כפית האחא

משמן השמושות. כשהשמן מתחיל לנצק מוסיפים את הביצים ובמשלים דות כדי ערבוב

לך מזמן 1-2 תוקד או עד שהן מקשקשות.

חודיפים את הביצה לצד המחבם ובתבחם מוסיפים עוד שמש שמושום, טור בסוי היום, לצב,

אביב ושועותי פניט וטו ומבשלים את הקד אחא ואז מוסיפים את האזרו ומתבלים במלח פלפלו

שחור סורג טרי.

במבשלים, דות כדי ערובב משמדד, במבש 3-4 תוקד, או עד שהם מתחממים. מערבבים

את הכוסברה.

להגשה, מזלפים את האזרו על לצחות. חותכים את הפועה בלאכסון ולרצועות דות.

ומנחים על האזרו עם פרוסת ליים.

51. אורז הופין ג'ון גרגר ארוך

מנות: 4

רכיבים
2 כפות שמן צמחי
300 גרם/10½ זוע ביקין במבושל ומגורר
1 פלפל לירוק ,קצוץ דק
1 פלפל אדום ,קצוץ דק
1 בצל אדום ,קצוץ דק
3 מקלות סלרי קצוצים דק
4 שיני שום ,כתושות
1 כפית תפיתי צ'ילי מיובשים
2 עלי דפנה
1 ליטר/1¾ ליטר ציר עוף או ירקות
400 גרם/14 oz עועית פינטו וחפ ,סחוטה ושטופה
225 גרם/8 גרם אורז ארוז גדן
2 כפות ביתול קריאולי או מטרה לכל המטרה
מלח ופלפל שחור גרוס טרי
לשרת
חופן עלי פטרוזיליה שטוחים ,קצוצים דק
צורר בצל אביב קצוץ דק

כיווני
מחממים את השמן בסיר גדול על אש בינוני.
מוסיפים ביקין ומחבת דע שהטגנים בעזרת כף מחוררת מסננים. מצוציאים בעזרת כף מחוררת מסננים דע שהוא פריד. על נייר סבטה.
מוסיפים לחבת את הבצל ,הפלפלים ,הסלרי ,השום ,עלי הדפנה ,תבות עלי צ'ילי ,קרימאולי, מלח הופפל על אמדים שום נמוכה דע בינונית לריכוד.
מוציאים פנים את היר ריצה את הירתלהח.
או ,20 דקות ,מוסיפים את האורז ,השעועית והוביקין ומרעברים בטיה. מכסים במשלים או דע שהאורז רד בורו הנוזלים נספג.
מחלקים בין קערות השגה, מפזרים את הפטרוזיליה הובצל לאביבי ומגישים.

52. שעועית פינטו ואורז בהשראה מקסיקנית

מנות: 8

רכיביס
1 כף ציר עוף (נתרן מופחת)
3 כפות סרק גבעניות
1 כפית זרעי כוסברה טחונים
1 כפית מלח
½ כפית אבקת שום
¼ כפית פלפל
3½ כוסות מים
2 כוסות אורז לבן ןבל ארוד, שטוף במסננת רשת
1 פלפל אדום, גדוע, זרעים וחתוד לקוביות
¼ כוס בצל אדום קצוץ דק
1 ג'לפני, גבעול, זרעים וחתוד לקוביות דקות
2 כפות כוסברה קצוצה דק
1 קופסת (15 אונקיות) שעועית פינטו, סחוטה ושטופה
כיוונים
ליסל מוספיסם את בסיס ריעו, סרק גבעניות, כוסברה, חלמ, אבקת שום פלפלו; להקציף
לאיחוד.
טרופיס פנימ בהדרגה מים, מוספיסם אורז וערבבים יחיד. טורפיס בהבהוהו ומביאיס לרתיחה תוד עברוב ידי מעף
מנכימים את האש לבינוני-נמוד, מכסים. משמישכים לבשל עד לספיגת הנוזלים, תוד
ערבוב מדי כמה. מסריים שהאס מניחיס לעמוד מכסה הקות. 15-12-כ, מעף מדי תוד
מניחים אורז גדול ומוסיפיס פלפל צבל, ג'לפני וכוסברה; מערביבים אליחוד.
מערבבים בעדינות את השעועית ומגישים.

116

53. שעועית פינטו ואורז עם כוסברה

6 מנות

רכיבים

עבור האורז:
- 1 כוס אורז לבן גרגיר ארדו
- 1 כף שמן זית
- פחית של של 8 גרם של רוטב עגבניות
- 1 פלפל אדום גרעיני, זרעים ורבע
- 1 1/2 כוסות ציר עוף או ציר ירקות
- 3/4 כפית מלח כשר
- 1 כפית אבקת שום
- 1/4 כפית אבקת צ'ילי
- 1/4 כפית כמון
- 1/2 כוס עגבניות חתוכות לקוליות
- 2 כפות כוסברה קצוצה לקישוט לא חובה

עבור השעועית:
- פחית 15 אונקיות של שעועית פינטו סחוטה ושטפה
- 1/2 כוס ציר עוף או ציר ירקות
- 1 כף רסק עגבניות
- 3/4 כפית מלח
- 3/4 כפית אבקת צ'ילי
- 1/2 כוס פיקו דה גאלו לקישוט אופציונלי

כיוונים

עבור האורז:
מחממים את שמן הזית בסיר של 2 ליטר על אש בינונית. מוסיפים את האורז ומערבבים עד שהאורז מצופה בשמן. מבשלים כ-5 דקות או עד שהאורז יקלו ומשחים קלות. מוסיפים את כל שאר המרכיבים. מחזירים את הסיר למבער, ומביאים את התוכן לרתיחה. מכסים את הסיר ומנמיכים את האש; לבשל 17 דקות. מורידים את הסיר מהאש ונותנים לו לעמוד מכוסה 5 דקות. מוציאים וזורקים את הפלפלים. מערבבים היטב. מקשטים בעגבניות ובצל קורי אם רוצים.

עבור השעועית:
שמים את כל המרכיבים במחבת על אש בינונית-הגבוהה. מביאים לרתיחה. מבשלים 7-10 דקות עד שהרוטב מסמיך. מוסיפים עוד מעט חלב או אבקת צ'ילי תמיד כרצה. אפשר להוסיף עוד קצת ציר עוף או ציר אם הרוטב נהיה סמיך מדי למטעמכם. מקשטים עם פיקו דה גאלו אם רוצים.

מנות 2

רכיבים
עבור האורז
2 כוסות מרק ירקות 475 מ"ל
1 כוס אורז ארוד 190 גרם
1/4 כפית חוטי זעפרן .17 גרם
קורט מלח ים
קורטוב פלפל שחור
עבור השעועית
2 כפות שמן זית כתית מעולה 30 מ"ל
1 בצל קטן
4 שיני שום
1 גזר
1 פלפל ירוק
1 כפית פפריקה הספרדית מעושנת מתוקה 2.30 גרם
1/2 כפית כמון טחון 1.25 גרם
2 1/2 כוסות שעועית פינטו ומשומרת 400 גרם
1 כוס מרק ירקות 240 מ"ל
קורט מלח ים
קורטוב פלפל שחור
חופן פטרוזיליה טרייה קצוצה דק

120

כיווניס

מוסיפים 2 כוסות קרם טריקו לסיר, קורצים פנימה 1/4 כפית חוטי זעפרן, ומתבלים
במלח מי פלפל לשוח טרי ירט, מחממים בחום גבוה

עד שמהם מנמסמת תחת ושוטפים מים זורמים קרים, עוד 1 כוס אורז לבן ומלמסנת שוטפו
צלולים מתחת למסנת

לאחר שהמקרם גמיע לרתיחה, מוסיפים את האורז למחבת, מערבבים ומניחים מכסה עם
.המחבת, מנמיכים לאש נמוכה-הביני ומבשלים עד שהאורז במושל

בינתיים מחממים חמה גדולה בחום גבוני ומוסיפים 2 כפות שמן כתית מעולה,
לאחר 2 דקות מוסיפ 1 בצל קטן וחתוך לקוביות קד 1, פלפל ירוק קצוץ קד 1 גזר,
(קולף) קצוץ קד 1-ו 4-5 שיני שום סג טחן, מערבבים את היריק עם שמן והזה
לאחר 4 דקות והיריקותר מקומצפים לוק, מוסיפים פנימ 1 כפית הפרקיה סדרתי
מעושנת מתוקה 1/2-ו וחטן ומכ כפית 1/2-ו, לאחר כמן וחוק מערבבים במהירות, ולאחר
ומתבלבים (מרכונים טשוטפים) מרומיים שימרו מקופסת וניטפ מעטיע כוסות 2 1/2 הפנימ
מוסיפ ואז הדיחא תערובת לבקל עד בעודינ מערבבים בעדירות, וש שמ מי פלפל לשוח
בינוני אש על לע ומשלבים כוסות טריקו קרם כוס 1 הפנימ

ולו נותנים, שאהם האורז את מסיריס (ישל הרקמב דקות 15) למושל שהאורז לאחר
לשביל 3 עד 4 דקות עם מכס חותם, ואז מסיריס את המכסה ומתפחים את האורז עם
מעבירים את האורז לדות, מזלג, עם שאלה השגה
תוספים את השעיתם במבעבעת (עוד אמרו להישיר מעם קרם) והוסיפי את הלצלת
!הנהנים הצותצ הייטר הייליזורטפ מיזרזמפ ,זרואה ליד השגהה

55. סיר אחד אורז ושעועית

מנות: 4 מנות

סיביכר

2 כפות שמן זית

1 בצל צהוב, קצוץ (בערד) 1 ¼ כוסות)

1 ¾ כוסות ציר רק עוף או ירקות וא מים

1 כפית מלח

1 כוס אורז ארוד

1 (15.5 אונקיות) פופסת שעועית חרורה או פיניטו

פרוסות ליל וא עלי כוסברה, לקישוט (אל חובה)

הוראת הגעה

בסיר גדול וא בתנור הולנדי עם מחסכ את חממים את שמן זית על אש בינוני.

בסר את הבצל ומטגנים עד שהופכים, כ-3 דקות. מוסיפים את הציר, מכסים ומביאים

לרתיחה.

מוסיפים את המלח, האורז והשעועית (כולל הנוזל.) מערבבים קר לאיחוד מסכם.

מנמיכים את האש עד הסוף, ואז נותנים למנית להתבשל, לאל הפרעה, במשך 18 עד 20 דקות.

מסירים מהאש ואז, מתוך 4-ל מנוחים שאהם מניחים מתפחים בזמלג.

מתבשלים לפי טעם מעטה מלח ופלפל, ואז מקשטים בעלי וא כוסברה חרצכנות.

56. שעועית פינטו דרומית ואורז

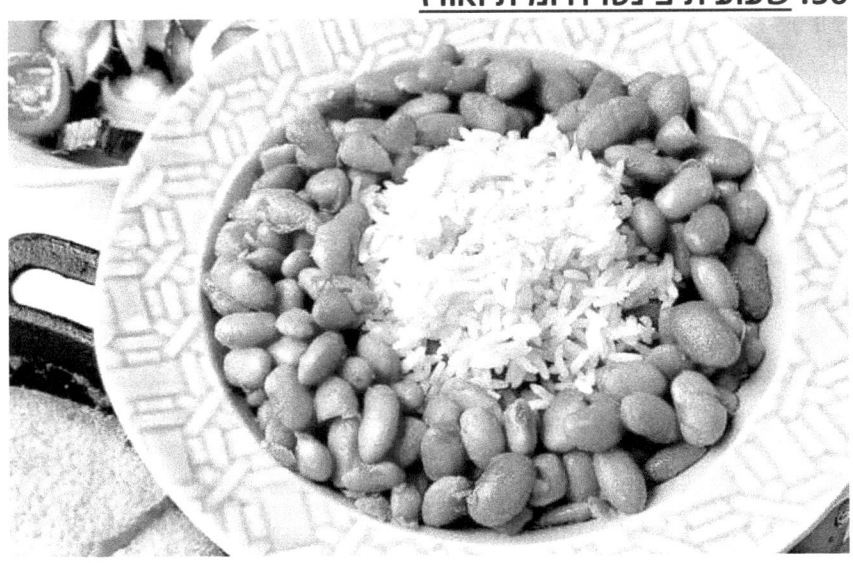

מנות: 6 כוסות

סיביכר
- 1 ק"ג שעועית פינט ומיבשת
- 8 כוסות מים וא מרק
- 2 כפות מלח,להשרייית ליל;מלח שולחן
- 2 כפות אבקת בצל וא 1 כוס טרי יתוח לקוביות
- 2 כפות אבקת שום
- 2 כוסות אורז, אורז חום וא לבן, מבושל
- 1 קרס חזיר מעושן
- מלח ופלפל לפי טעם

סינוויכ
(a כהניסו שעועית לתנור הולנדי גדול עם אבקת בצל ושום, זונל והחלבו (חוב הבה).
(b בשלישים על אש נמוכה, לל כיסוי, במשך 3-4 שעות וא עד לירוכד;לבדוק את מפלס
הנוזל לעתים קרובות;להוסיף עוד במידת הצורך;כשהם מכיר, טעמו בימלת
ומתקנים בהתאם
(c 2 כפות אבקת בצל, 2 כרמ וא מים כוסות 8, ומיבשת פיניט ומיבשת ק"ג 1
אבקת שום, 1 צריר חזיר מעושן

57. שעועית פינטו ואורז ונקניק

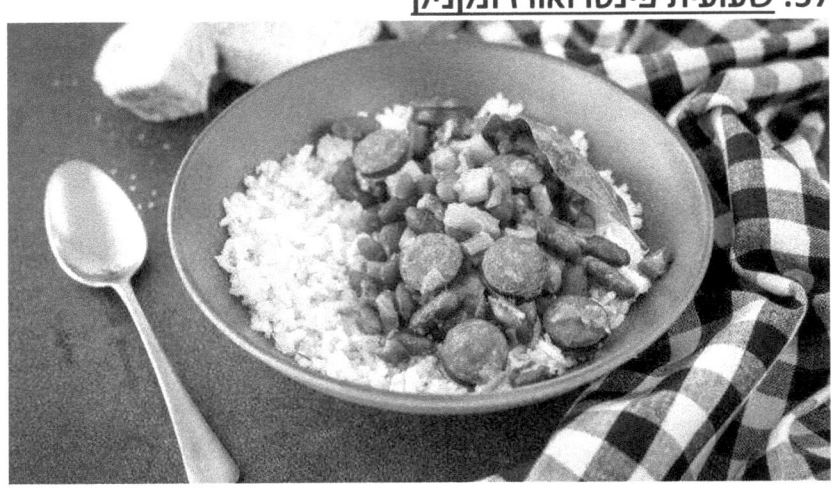

מנות: 6 מנות

רכיבים

- 1 קילו שעועית פינטו מיובשת
- 6 כוסות מים
- 1 שוק חזיר, או שארית בשר בשרנית
- 1 בצל בינוני, קצוץ
- 3 שיני שום, קצוצות
- 1 2/1 כפיות מלח
- 1 פאונד נקניק מעושן אנדוי, או נקניק מעושן דומה, פרוס
- 1 (14 2/1 אונקיה) קופסת עגבניות חתוכות לקוביות
- פחית אחת (4 אונקיות) של פלפל צ'ילי ירוק עדין, או תערובת של עדין וג'לפניו, חתוכה לקוביות
- 2/1 כפית פתיתי פלפל אדום, מרוסקים, לא חובה
- 4 כוסות אורז לבן מבושל, גרגיר ארוך או גריסים מהירים, מבושל חם

כיוונים

a) ערב קודם שמים את שעועית הפינטו בקערה או סיר גדול ומכסים במים עד לעומק של כ-3 סנטימטרים מעל השעועית. תן להם לעמוד במשך 8 שעות או לילה. מסננים היטב.

b) שלבו את השעועית הספוגה והמרוקנת עם מים, נקניק, בצל ושום בסיר גדול או בתנור הולנדי על אש גבוהה; להביא לרתיחה. מכסים ומנמיכים את האש לבינונית; מבשלים את השעועית במשך 45 דקות, או עד שהשעועית רכה.*

c) מוסיפים את המלח, הנקניקייה הפרוסה, העגבניות, פלפלי הצ'ילי העדינים ופתיתי הפלפל האדום הכתוש, אם רוצים. מכסים, מנמיכים את האש למינימום ומבשלים במשך שעה תוך ערבוב מדי פעם.

d) מסירים את ציר החזיר ומסירים את הבשר מהעצם. קורצים את הבשר עם מזלג או קוצצים. מחזירים את הבשר לתערובת השעועית.

e) מגישים את שעועית הפינטו על אורז מבושל חם.

58. Gallopinto

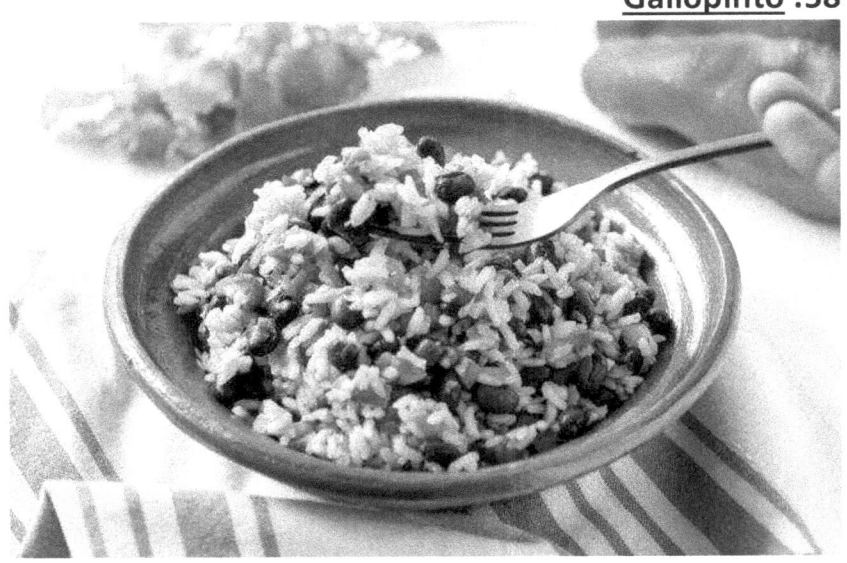

מנות: 8 מנות

רכיבים
עבור השועית
- 1 שקית שעועית פינטו ומיובשת (אונקיות 16)
- חלב
- 7 שיני שום, קלופות

עבור האורז
- 1/4 כוס שמן צמחי, מחולק
- 1 צלב בוהב ביננוי, קצוק קד (בערד 1 כוס), מחולק
- 1 1/2 כוסות אורז לבן ארוד
- 3 כוסות מים או מרק עוף לד נתרן
- 1/2 פלפל קורי, גרוגע ורזו

הוראות הגעה
עבור השועית:
(a) השועית ושטפו בכל רחב. בחבר בניי ריי אפייה. תדפורמ מרמורת תבנית על השועית את מחיחרם מעמביריס את השועית למסננת ושטפיס בזרמים קרים. מניחים שעועית מהרוב. שטפו בסיר גדול ומכסים מים במרק; תלו להשרות 30 דקות.
(b) השועית את ובמשלים לבינונית שאה את מניכים. מניכמה שאה על לתרחיח הבוהה. מאים מביאים על לתרחיח. בשמש 30 דקות. בכבים את שאה, מכסה את השועית ונותנים חונל בשמש העש. מביאים את השועית בחזרה לתרחיח על שאה הבוהה. מוספים 2 כפות חלם ושום, מניכים את שאה לבינונית שהשועית מתרככת 30 עד 60 דקות.

עבור האורז:
(c) מחממים 2 כפות שמן בסיר גדול עם תחתית הדבכ על שאה בינונית עד להבהוב. כ-5 דקות, מוסיפים את הבצל וטוגנים עד שהוא מתרככ, שוק, מוסיפים 2/3 מהצבע דות מוטגנים ובערב דות שוהה עד מתכרדק.
(d) מוסיפים אורז ובמשלים, דות ערבוב, עד שהגרירים מירקים מצופים ומבשם וזפואן עד מוסיפים או מים ו-1 קרם או 1/2 1 כפות חלם, מגביריס את הבהלה שוה, עד 2 דקות. מוסיפים או מים ו-1 קרם עד לתרחיח. מניחים פלפ לפלפ היריד על האורז. מגביאים להתחית.
(e) מתרחיחים אורז לאל ובברע עד שורב הנוזלילס מתדאתן ונתינ לארתוב עותע קטונט. מכסה, מניכים את שאה דים או מתריחחים מלרם הכומנה הרתיר בותר, מניחים על פני האורז. מתפצותא את וזורקים אמיאיים מוצימים 15 דקות. בשמש (אל להסיר מכסה). אל לערבל, או וישבמלס. פלפל. מורידים אורז עם מקלות אכי או מזלג, זאו מוצמנ ומוקרריר למשל סוי אחד.

עבור הגלופינטו:
(f) מחממים את 2 כפות נוזל שמן נותרות על בסיר גדול שאה בינונית-הבוהה עד להבהוב. כ-5 דקות, מוסיפים את הבצל נותרה ומטגנים דות עד שהוא מתרככ, שוק. מוסיפים אורז וזרא ו-2 כוסות שעועית מחבת ובמשלים, דות ערבוב, עד שהאוזרה.
(g) שמה דשבל, לשבל, דות ערבוב, ידכ לאפשר לטעמים להתמזג תברורעתלו. המשה דיחא. מוצפו פואן דות ובמשלים על שאה נמוכה עוד 10 דקות. כ-10 דקות, מכסים ומבשלים עד שהיתה טעם פריכה, היתה

129

59. רוטב שעועית ועגבניות על אורז

מנות: 6 מנות

רכיבים
1 כוס שעועית פינטו, מושרית
2 צ'ילי סרנאו, זרעים וקוצוצים
½ כף ג'ינג'ר, מגורר
1 כל עלה דפנה
¼ כפית כורכום
4 כוסות מים
1⅓ כוס מלאי
¼ כוס כוסברה
מלח פלפל
2 כפות אגוז מזוגי קפא, קצוצים וקלויים
2 כפות שמן זית
4 גבינונות חתוכות לקוביות
1 כפית אבקת צ'ילי
1 כף מירון טרי
1 כפית סיריף מייפל
5 כוסות מים
1½ כוס אורז ארד
2 גזרים, מגוררים
1 כל מקל קינמון 3 אינצ'
½ כף שמן זית
כיוונים
& הנפד עלה דפנה לזרוק עלה הכר. עד שהשעועית עד שעות 2 עד 1½ בשמש שעועית מבשלים
בטור:
מערבבים שעועית הסוטה, צ'ילי, ג'ינג'ר, עלה הדפנה, כורכום ומי בסיר גדול.
מביאים לרתיחה, ממיכים את האש, מסכם ובמשלים.
מניחים ציר שעועית, ריץ וכוסברה בעמבד מוזן ומקציפים לטורב נמש. מתבלים, מוסיפים
אגוז קפא ומחממים מעט טעם.
גבינונות:
מערבבים גבינונות בחבת גבינונות, אבקת צ'ילי, מירון וזרון סיריף. מתבלים במלח פלפל ומטגנים
עד ורוב על האש למשל כ-10 דקות, שהגעיביין מתחחת להליח מתקרלם, עד שהמנונה עד שהעגעיינה מתחרבים על
חום על אש נמוכה.
אורז:
10 עד 12 דקות, שהאורז עד שמשלים רזג, קינמון. מבשלים מים ומערבבים פנימ האורז רזג, קינמון.
מרתיחים מים כמו שתמשתמים אם דקות זרוב בלן. מסנים זוזו מיקרוזים קינמון ושטפו מזל קצר תחת מים
זורמים.
מחזירים חמלבת ומערבבים עם נמש.
הגשה, כף אורז על צלחת חמה, מעליה טור שעועית ופוזרו גבינונות.

131

60. שעועית קייג'ון פינטו

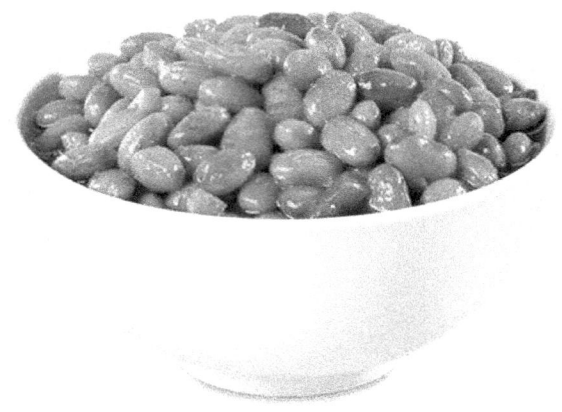

מנות: 8

רכיבים

1 לכ אחד שקית קטנה של שעועית פינטו, שטופה ואנוספה
¼ כוס קמח
¼ כוס גריז בייקון
1 בצל גדול, קצוץ
6 שיני שום קצוצות
½ כוס סלרי, קצוץ
1 כל עלה דפנה
¼ כוס אבקת צ'ילי
2 כפות כמון טחון
1 קופסת עגבניות עם צ'ילי
מלח לטעימה
2 פאנדן חזיר חזיר או חזיר חלם חזיר אופציונלי
כרבסרה קצוצה
2 כוסות אורז ארוד, מבושל

כיוונים

שקית 1 של שעועית פינטו שטופה בלילה. קטופים שעועית פינטו ושטופים. משרים 1 שקית של שעועית פינטו וטופים. מברשים בשמל השת. השע. מברשים שעועית מבשלים של שוד 1 וכן. ומים קרק את ומחלפים שעה-שעתיים ומחלפים את המים והוסופי וש כך שודלת השתייה. האחרונה, מוספיס שודלת השתייה עד מבשלים סל מום. המים בעפם האחרונה, מוספיס מום
מטגנים ¼ כוס שום ומן בייקון ולתד סרוקה הכהה (צבע עקקה.) מוספיס
ומערברים את הדברירה הבאים אד שהם נבלומים: 1 בצל גדול קצוץ, ו 5 ו 6 שיני שום
קצוצות, ½ כוס סלרי קצוץ, עלה דפנה הכסרב.
מוספיס אבקת צ'ילי, כמון ועגבניות עם צ'ילי ומלם חלם יפל מטעם.
נתין לבשל עם חזיר ריזח או וא חזיר חלם חזיר.
השימוש ב-roux הזה מוספי טעם נהדר באמת לשעועית פינטו.
מגישים עם אורז ארוד.

133

61. אורז ושעועית עם גבינה

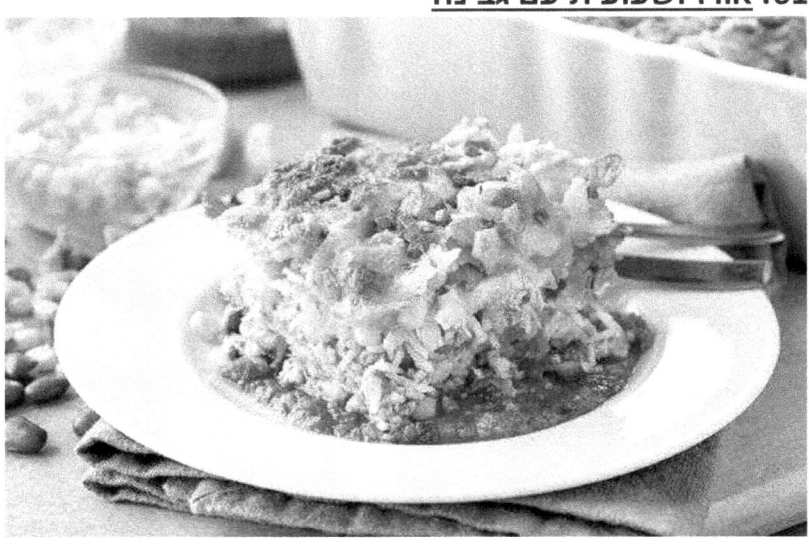

מנות:5

רכיבים

- 1⅓ כוס מים
- 1 כוס גזר מגורר
- 1 כפית ציר עוף אינסטנט
- ¼ כפית מלח
- 15 אונקיות Can Pinto שעועית, סחוטה
- 8 אונקיות יוגורט רגיל עם שומן
- ½ כוס גבינת צ'דר דלת שומן מגוררת
- ⅔ כוס אורז ארוך גרגר
- ½ כוס בצל ירוק פרוס
- ½ כפית כוסברה טחונה
- 1 כפית רוטב פלפל חריף
- 1 כוס גבינת קוטג' דלת שומן
- 1 כף פטרוזיליה טרייה קצוצה

כיוונים

a) בסיר גדול מערבבים מים, אורז, גזר, בצל ירוק, גרגירי חמין, כוסברה, מלח ורוטב פלפל חריף בבקבוק.
b) מביאים לרתיחה; להפחית את החום. מכסים ומבשלים במשך 15 דקות או עד שהאורז רך והמים נספגים.
c) מערבבים פנימה פינטו או שעועית נייבי, גבינת קוטג', יוגורט ופטרוזיליה.
d) כף לתוך תבנית אפייה בגודל 10x6x2 אינץ'.
e) אופים, מכוסה, בתנור בחום של 350 מעלות צלזיוס במשך 20-25 דקות או עד שהם מחוממים. מפזרים גבינת צ'דר. אופים, ללא כיסוי, עוד 3-5 דקות או עד שהגבינה נמסה.

62. שעועית פינטו ואורז זעפרן

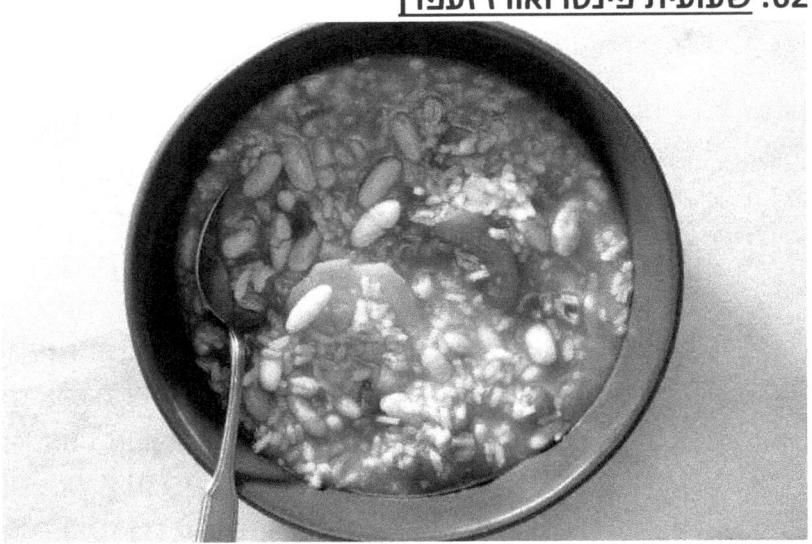

מנות: 4

סיבכר

שעועית

3 כוסות שעועית פינטו מיובשת

1/2 מקל חמאה

1/3 כוס שום זהירי

1/2 כוס פורטיטו

1 בצל גדול חתוך לקוביות

3 ליטר מים

אורז

1-1/2 כוס אורז ארוד

3 כוסות מרק עוף

1/2 כפית חותי זעפרן

1-1/2 כפית מלח חשר

1/2 כוס מים

1 כף חמאה

חומץ רוט בטלפ לפלף חריף

כיוונים

שטפו את השעועית הסרו כל החפצים הזרים כגון אבנים ושעועית הער.
חותכים את הבצלוקיות.
מוסיפים את הבצל, השעועית, פורטיטו, מים החמאה.
נותנים להזל להתחממם במשך 4 קוד שמש את מוסיפים זהירי.
מכסים ומרתיחים במשך 15 קוד מערביבם, סכסים שוב מנמכים את האש בחצי.
מבשלים עד שהשעועית הכר או שמוסיפים מלח.
ממסים את החמאה ומוסיפים האורז. מערבבים היט בו מוסיפים את הזעפרן, קרמה.
מוסיפים את המים עד שכל הנוזלים נספגים מסכם מוסיסרי.
מרתיחים את האורז תוד ערבוב בארבע עד ידי פעם זאו שהנוזלים נספגם מסכם.
מהאש לא תפריעו במשך 20 קוד.
מגישים עם שעועית על האורז. מוסיפים את החומץ ורוטב הפלפל הפריחה.

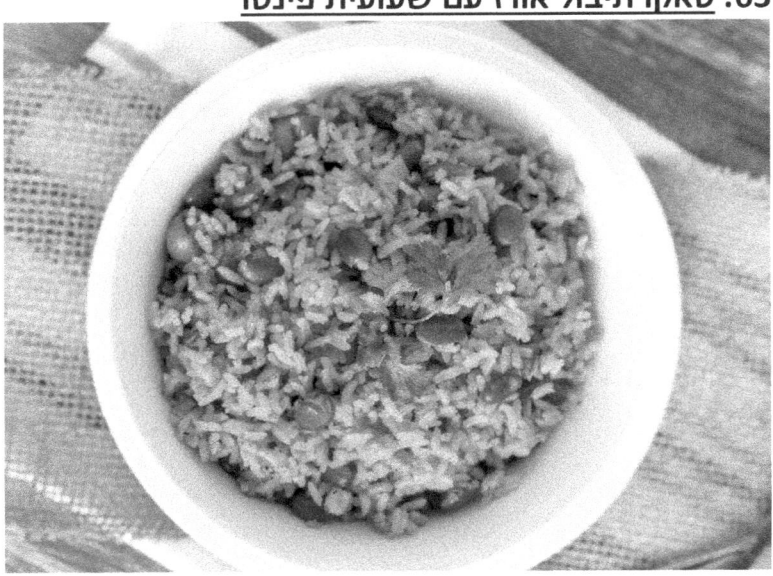

מנות: 6 מנות

מרכיבים
2 כוסות מים
8 אונקיות של רוטב עגבניות
1 חביל תערובת תיבול לקאו
1 כוס תירס
½ כוס פלפל קורי - קצוץ
½ כפית אורגנו
⅛ כפית אבקת שום
1 כוס אורז דרוא
16 אונקיות שעועית פינטו, משומרת
כיוונים
בסיר בינוני, מערבבים את כל החומרים, מלבד אורז ושעועית.
מביאים את התערובת לרתיחה על אש גבוני. מערבבים פנימה אורז ושעועית.
כשהתערובת רותחת שוב, מערבבים, ואז מנמיכים את האש לבינוני-נמוך, מכסים
ומבשלים עד שרוב הנוזלים נספגים, 45 דקות עד השעה.
מסירים מהאש ומניחים בצד מכוסה למשך 5 דקות.
מערבבים היטב.

64. אורז דלעת הודי ושעועית

מנות: 8

סיביכר
1 כף שמן קנולה
1 בצל צהוב בינוני; קצוץ
2 שיני שום; טחון
2 כוסות קוביות דלעת
2 כפיות אבקת קארי
½ כפית פלפל שחור
½ כפית מלח
¼ כפית ציפורן וחנון
1½ כוס אורז לבן גרגיר ארוד
1 כוס קייל או תרד קצוצים גס
15 אונקיות שעועית פינטו מבושלת; מרוקן ושטוף
כיווני

בסיר גדול מחממים את השמן על אש בינוני.
מוסיפים את הבצל והשום ומטגנים תוך כדי ערבוב 5 דקות עד שהבצל שקוף. מערבבים
פנימים את הדלעת, הקארי, הפלפל, המלח והציפורן ומבשלים עוד דקה תוך
מוסיפים 3 כוסות מים ואת האורז, מכסים ומביאים לרתיחה. מבשלים על אש בינוני-
נמוך כ-15 דקות.
מערבבים פנימה את הקייל ושעועית ומבשלים עוד כ-5 דקות.
מורידים את האורז ומכבים את האש. מניחים לעמוד 10 עד 15 דקות לפני הגשה.

141

65. שעועית בוקרים מקסיקנית

מנות: 6

רכיבים

- ½ ק"ג שעועית פינטו, מיובשת
- 1 בצל, לבן, גדול
- 3 שיני שום, כתושות
- 2 ענפי כוסברה
- ¼ כוס ציר ירקות או מים
- 6 אונקיות. (4/3 כוס) צ'וריסו
- 2 צ'ילי סראנו, טחון
- 1 עגבנייה, גדולה, חתוכה לקוביות

כיוונים

a) משרים שעועית במים למשך הלילה.
b) למחרת, מסננים אותם ומניחים אותם בסיר גדול. יוצקים מספיק מים לסיר כדי למלא ¾ מהדרך.
c) חותכים את הבצל שלך לשניים. מניחים ½ מהבצל, ענפי הכוסברה ו-3 שיני שום בסיר עם השעועית. שומרים את החצי השני של הבצל.
d) מביאים מים לרתיחה ונותנים לשעועית להתבשל עד שהיא כמעט רכה, בשעה וחצי.
e) בזמן שהשעועית מתבשלת מחממים מחבת סוטאז' גדולה לחום בינוני-גבוה. מוסיפים צ'וריסו ומאדים עד להשחמה קלה, כ-4 דקות. בזמן שהצ'וריסו מתבשל, חותכים את החצי השני של הבצל לקוביות.
f) מוציאים את הצ'וריסו מהמחבת ומניחים בצד. מוסיפים ¼ כוס מים, בצל חתוך לקוביות ופלפלי סראנו למחבת הקפיצה. מטגנים בצל וצ'ילי עד שהם רכים ושקופים כ-4-5 דקות. מוסיפים עגבנייה ומבשלים עוד 7-8 דקות או עד שהעגבנייה מתפרקת ומשחררת את כל המיצים שלה.
g) הוסף את התערובת הזו ואת הצ'וריסו לסיר השעועית והניח להתבשל עוד 20 דקות או עד שהשעועית רכה לחלוטין. מתבלים לפי הטעם במלח ופלפל.
h) לפני ההגשה מוציאים מהשעועית את חצי הבצל, ענף הכוסברה ושיני השום. מתבלים במלח ופלפל

66. חג הקאריבי

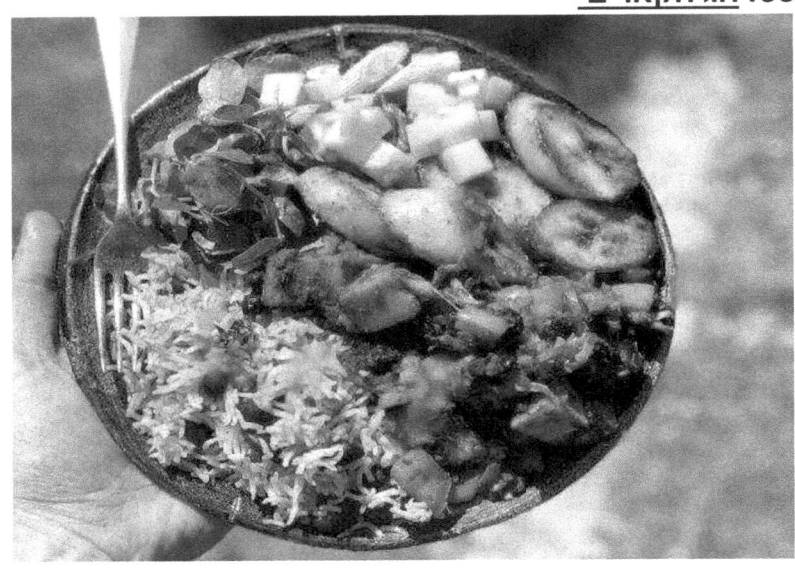

רכיבים

JERK JACKFUIT

- 3 קופסאות יאנג ג'ק פירות במי מלח, מרוקנים וטפחים יבשים ואז נמשכים לחתיכות בגודל קטן
- 1 כף שמן קוקוס ויטה קוקה
- 3 בצלי אביב, פרוסים דק
- 3 שיני שום, טחונות
- 2/1 צ'ילי מצנפת סקוצ'ית (השתמש ב-1 מלא לחריף נוסף)
- חתיכת ג'ינג'ר בגודל אגודל, טחון
- 1 פלפל צהוב, ללא גרעינים וקוביות
- 1 כוס/200 גרם שעועית שחורה, מקופסה. מרוקן ושטוף.
- 1 כף All Spice
- 2 כפיות קינמון טחון
- 3 כפות רוטב סויה
- 5 כפות רסק עגבניות
- 4 כפות סוכר קוקוס
- 1 כוס/240 מ"ל מיץ אננס
- מיץ 1 ליים
- 1 כף עלי טימין טריים
- 2 כפיות מלח ים
- 1 כפית פלפל שחור גרוס

אורז ואפונה

- 1 שעועית כליה פח, שמורה לנוזל
- 1 פח חלב קוקוס
- 3 כפות טימין טרי
- קורט מלח ים ופלפל שחור
- 1 ו-2/1 כוסות/340 גרם אורז ארוך, שטוף
- ציר ירקות, אם צריך.

פלנטיין מטוגן

- 2 פלנטיין, קלוף וחתוך לדסקיות ס"מ
- 2 כפות שמן קוקוס ויטה קוקה
- 2 כפות סוכר קוקוס
- קורט מלח ופלפל

סלט מנגו

- 2/1 מנגו טרי, קלוף וחתוך לקוביות
- 1 כפית צ'ילי טרי, קצוץ דק
- חופן כוסברה טרייה
- מיץ מחצי ליים
- סלט מעורב טרי

הוראות הגעה

a) קודם כל מניחים תבשיל גדול או מחבת על אש בינונית. מוסיפים את שמן הקוקוס ואחריו את הבצל, השום, הג'ינג'ר, הצ'ילי והפלפל הצהוב. הניחו לתערובת להתרכך במשך 3 דקות לפני הוספת התבלינים ובישול למשך 2 דקות נוספות. מוסיפים קורט תיבול.
b) מוסיפים את הג'קפרי למחבת ומערבבים היטב, מבשלים את התערובת במשך 3-4 דקות.
c) לאחר מכן מוסיפים את סוכר הקוקוס ואת השעועית השחורה. המשיכו לערבב ואז הוסיפו את רוטב הסויה, רסק העגבניות ומיץ האננס. מנמיכים את האש ומוסיפים את מיץ הליים בתוספת כמה עלי טימין טריים קצוצים.
d) פתחו את המכסה והניחו לג'קפרי להתבשל כ-12-15 דקות.
e) עבור האורז, הוסיפו את החומרים לסיר והצמידו את המכסה. מניחים את המחבת על אש קטנה ומניחים לאורז לספוג את כל הנוזלים עד שהוא בהיר ואוורירי. זה אמור לקחת 10-12 דקות. אם האורז שלך מתייבש מדי לפני שהתבשל, הוסף מעט מים או ציר ירקות.
f) הבא, הבצל. מחממים מראש מחבת טפלון על אש בינונית ומוסיפים את שמן הקוקוס, כשהוא חם מוסיפים את פתילי הצמח ומבשלים משני הצדדים במשך 3-4 דקות עד לקבלת קרמל והזהבה. מתבלים בסוכר קוקוס, מלח ופלפל.
g) לסלט פשוט מערבבים את כל המרכיבים יחד בקערת ערבוב קטנה.
h) להגיש הכל ביחד, ליהנות.

67. ג'מייקני ג'קפרי ושעועית עם אורז

מנות:2

רכיבים

- 1 בצל
- 2 שיני שום
- 1 צ'ילי
- 2 עגבניות גפן
- 2 כפיות תיבול ג'מייקני טמבל
- פחית של 400 גרם שעועית
- קופסת ג'קפרי 400 גרם
- 200 מ"ל חלב קוקוס
- 150 גרם אורז לבן ארוך
- 50 גרם תרד עלי בייבי
- מלח ים
- פלפל טחון טרי
- 1 כף שמן זית
- 300 מ"ל מים רותחים

כיוונים

j) מקלפים וקוצצים דק את הבצל. קולפים ומגררים את שיני השום. חצו את הצ'ילי, מוציאים החוצה את הזרעים והקרום לקבלת פחות חום, וקוצצים דק. קוצצים גס את העגבניות.

k) יוצקים 1 כפות שמן למחבת גדולה ומביאים לאש בינונית. מחליקים פנימה את הבצל וקורט טוב של מלח ופלפל. מטגנים במשך 4-5 דקות, תוך ערבוב מדי פעם, עד לריכוך וצבע מעט. מערבבים פנימה את השום, הצ'ילי ו-2 כפיות תבלין ג'מייקני וממשיכים לטגן עוד 2 דקות.

l) מעבירים את העגבניות הקצוצות למחבת. מסננים את השעועית והג'קפרי ומוסיפים אותם למחבת. יוצקים פנימה את חלב הקוקוס. מערבבים היטב ומביאים לרתיחה, ואז מכסים חלקית במכסה ומבשלים בעדינות במשך 20 דקות במהלך זמן הבישול, השתמש מדי פעם בכף עץ כדי לשבור מעט את נתחי הג'קפרי.

m) מעבירים את האורז למסננת ושוטפים אותו היטב במים קרים. מעבירים למחבת קטנה ומוסיפים 300 מ"ל מים רותחים וקורט מלח. מניחים מכסה ומביאים לרתיחה, ואז מנמיכים ימינה ומבשלים בעדינות רבה במשך 8 דקות, עד שכל המים נספגים. מורידים את האורז מהאש ומניחים לו לאדות במחבת, מכוסה, למשך 10 דקות

n) מערבבים את התרד לתוך הג'קפרי והשעועית עד שהם נבולים. לטעום מהרוטב ולהוסיף עוד מלח אם צריך.

o) מזלפים את האורז לכמה קערות עמוקות ומעלים מצקת נדיבה מקארי הג'קפרי ומגישים.

68. פילאף אורז עם שעועית, פירות ואגוזים

רכיבים

- 1 1/2 כוסות אורז ארד
- 1 כף שמן צמחי נטרלי
- 1 בצל בינוני, קצוץ דק
- 1 עד 2 פלפל צ'ילי חריפם קטנים, פרוסים, אופציונלי
- 2/3 כוס צימוקים או חמוציות מיובשות, או שליבו
- 1/3 כוס שעועית פינטו ובשולת
- 1/3 כוס משמשים מיובשים קצוצים דק
- 1/4 כפית כורכום
- 1/2 כפית קינמון
- 1/4 כפית אגוז מוסקט טחון או טרי
- 1/2 כפית בזיליקום מיובש
- 1/4 כוס מיץ תפוזים, רוצי טרי
- 2 כפיות נקטר אגבה
- 1 עד 2 כפות מיץ ליומן או ליל, פלי הטעם
- 1/2 כוס קשיו וקליים (שלמים או קצוצים) או שקדים פרוסים
- מלח ופלפל סורג טרי ילפ הטעם

כיוונים

a) מערבבים את האורז עם 4 כוסות מים בסיר. מביאים לרתיחה ועידני, ואז ממכימים את אש, מכסים ומבשלים בעדינות במשך 30 דקות, או עד שהמים נספגים.

b) לאחר שהאורז מוכן, מחממים את השמן במחבת גדולה. מוסיפים את הבצל ופלפלי הצ'ילי האופציונליים ומטגנים על אש בינונית עד להזהבה.

c) מערבבים פנימה את האורז ואת כל שאר המרכיבים בלמדה האגוזים. ולפלפהי, מבשלים על אש נמוכה, תוך ערבוב תכוף, במשך כ-8 עד 10 דקות, ואמשפרים לטעמים להתמזג.

d) מערבבים פנימה את האגוזים, מתבלים במלח ופלפל ומגישים.

69. קערת שעועית ואורז צ'ה צ'ה צ'ה

מנות: 6

רכיבים
2 כפות שמן זית
2 שיני שום, קצוצות
1 כוס בצל פרוס
1 כוס סלרי קלוף, פרוס
1 כוס גזר פרוס
1 כפית אבקת צ'ילי
¼ כוס צ'ילי ירוק חתוך לקוביות שימוריים
1 פאונד שעועית פינטו
¼ כוס סג, פרוס, בצל
1 שום 263 קלוריות
2 כוסות פטרירות פרוסות
2 כוסות שעועית שחורה בסיסית מבושלת
½ כוס צ'יר שעועית רזרב
2 כפות כוסברה קצוצה
מלח ופלפל לפי הטעם
3 כוסות אורז ארוז מבושל
1 כף מיץ לימון
2 כפיות מלח או לפי הטעם

רכיבים
בסיר עמק גדול חממו מחממים שמן זית ואדים סידאם שום, בצל, סלרי, גזר ואבקת צ'ילי עד
שהבצל נעש שקוף.
מוסיפים פטרירות צ'ילי ומקפיצים עוד 5 דקות.
מערבבים פנים השעועית, צ'יר השעועית והכוסברה. מתבלים לפי הטעם.
מכסים ומבשילים על אש נמוך כ-10 דקות, תוך ערבוב מדי פעם.
מגישים על אורז.

70. לפת מוקפצת עם שעועית

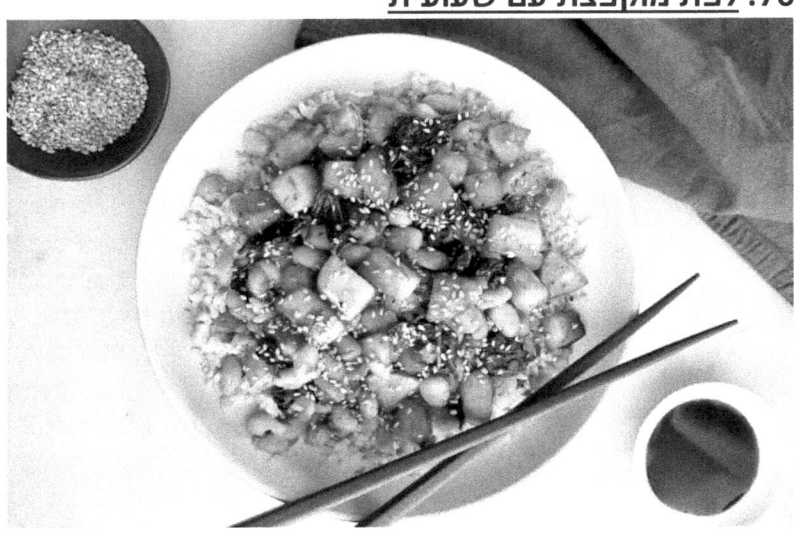

מנות: 2 אנשים

רכיבים

- 1 כף שמן זית
- 2 לפת עילאי סגול - קרצף, חזוג וחתוך לקוביות
- 3 כוסות דרת
- 1 שעועית פינטו ובנפח 15.5 אונקיות - מרקון ושטוף
- 1 כף ג'ינג'ר טרי - קצוץ דק
- 2 שיני שום - סחוטות או טחונות
- 1 כף דבש
- 1 כף חומץ אורז
- 2 כפות טור היום מופחת נתרן
- 1 כוס אורז ארוד - מבושל, להגשה

הוראות הגעה

a) אם אתם משתמשים בהכל או אורז וגם דג נפל, חיתכו אותה לחתיכות, התחילו את זה לפני הכנה מוקפצת.

b) מחממים שמן זית בחמבת גדולה על אש בינוני. מוסיפים את הלפת ומבשלים, תוד ערבוב/הפיכה מדי פעם, במשד 8-12 דקות או עד להשחמת הקלק הכרו.

c) בזמן שהלפת מתבשלת, טורפו פירוחי יחד את הג'ינג'ר, השום, הדבש, החומץ אורז וטורו במשד 4-6 דקות או עד שהתרדה לובן בנבי הוקפצו מחומם. הוסיפו ברקעה הנטק. מוסיפים לחמבת את התרדה, ועשועיות הורטו במשד 4-6 דקות, או עד שהתרדה נבול והקפצופו מחומם.

d) מגישים חם על אורז.

155

71. אורז עם כבש, שמיר ושעועית

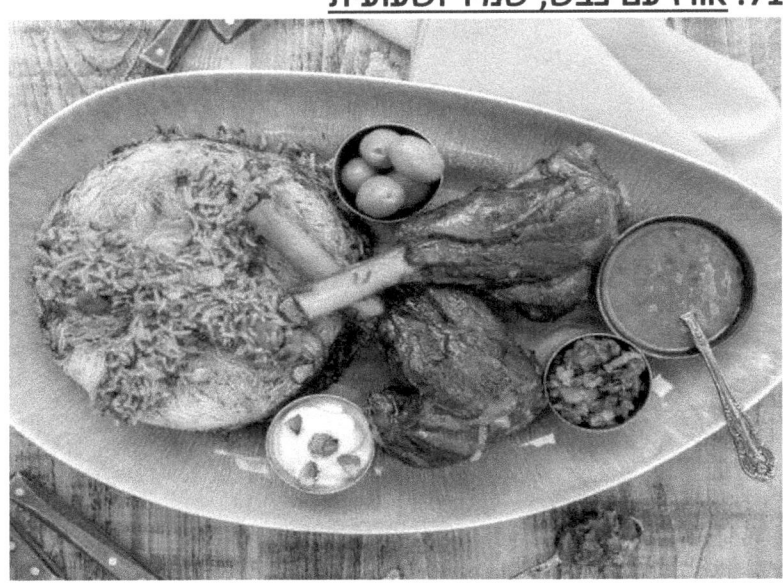

מנות: 8 מנות

סיבּיכר

2 כפות חמאה

1 בצל בינוני; קלופים וחתוכים לפרוסות בעובי 1/4 אינ'

3 פאונד כתף טלה ללא עצמות, חתוכה לקוביות

3 כוסות מים

1 כף מלח

2 כוסות אורז לבן וכן ארוד אל מבושל, ספוג וסחוט

4 כוסות שמיר, טרי; חתוך דק

2 עשר אונקיות. שעועית פינטו

8 כפות חמאה; מומס

¼ כפית חוטי זעפרן; מרוסקן; מרוסקים ומומסים ב-1 כף. מים חמים

הערות הגה

בתשליש כבד של 3 עד 4 ליטר, עם הסכם צמוד היטב, מסמים את 2 כפות החמאה על
שא מתנוח.

כשהקצף מתחיל לשקוע, מוסיפים את הצבה לעמרביבם עתים קרובות, כ-10-
דקה, או עד שהתפרוסות משחימות עשיריות. בעזרת כף מחררת מעבירים אותם מתם לצלחת
כחצי תחריר תכוית לבכ מעף, משחימים את בוקית הלטה נשומו רתונה בתשליש,
הופכים אותם ןתזרב תקלחייי וכפ או ומוסיתם את מחוה כד שיציבוו וקמע היחדי בלב
לשירפ. ןוהשכ תומיחשמ, עמרביבם את בוקית הלטה מעם לצלחת שילבצמ.

לאחר שהיזרמים תבחמה, מוסיפים את ההלקיקים המחום שנצמדמת לתחתית לדפונות המחמה. מחזירים את
הלטה אל התבשיל, מוסיפים את המה מנמקים את שאה בקמנלוהכ לתבשיל, מוסיפים את הצבה.
בהיטה ועצבל לושיקרל הגרעה הלודג מנחים את התשליש דבצ.

מכסים בטיה המבשליש כשה העשה עד 15-ו דקות, או עד שהבכב שר ואני האם מרגדנתוד
כאשר מחוררים אותם בדוח של זיכ נקטה הדדה. עמרבירים את הלטה, לצבה לכו זונלי
בישיבה לוקרע הגרעה הלודג המניחים את התשליש דבצ.

ממחיים את התנורל-350. במיאיס 6 סוכת לתריחה מים בסיר של 5 עד 6
מעברביבם. ציקומי מנים את האורז זרב בטיא יטי קדו שהמים יפסיקו ולחרת. מעברביבם
פעמים-פעמיים, מרתיחים בזיגוז עד 5 דקות, זאו מסירים את המחבת שאה, מעברביבם
את המנים השמיר תשועעיתו וממננים בסמבנתנ הקד.

מצמק כחמצית מתערובת ואהרת זרואה לדורתהלו לישבתה םע אותה סוכ « מונזלי בישילו
של ראחה נכמ בעזרת מרית או כפ מורחים את תעורבת האורז לשולי התבנית.
בעזרת כף מחררת מעבירים את הלטה לבתליש ומחליקים אותם על ראוה.
לאחל נכמ מורחים את עלמ יתרית תעורבת האורז. בלש 2 כפות מהחמאה המוסמת םע
6 כפות ממרק הלטה ויציקומ על אורה. מבאיס את התשביל לאחר שא הגובה.
מכסים בטיה היפוא ואופים במצא התונר שמד 30 עד 40 דקות, או עד שהעשותיע הכר
והאורז פגס לכ הנוזיולמ בתשליש.

להגשה, מזלפילם כסוכ מתערובת האורה לקרעה נטהה, מוסיפים את הזעפרן ממוסה
ומעברביבם עד שהאורז טהוב עז.

מורחים כחמצית משאר ראוה על גמס שמחום ומסורדירם עילו את הלטה מכסים את
הלטה בשטיארת תעורבת האורה יגרל וקמשטיט אותם ובאור הזעפרן. ןציקומי את 6
כפות החמאה המוסמת נהתורות עמל.

158

72. שעועית פינטו גבינתית

מנות: 4

כרביבים
2 שיני שום
1 ג'לפני
1 כף שמן זיתון
2 15 אונקיות. פחיות שעועית פינטו
1/4 כפית פפריקה מעושנת
1/4 כפית כמון טחון
1/8 כפית פלפל שחור טרי ירט
2 קורות בטר חריף
1/2 כוס גבינת צ'דר מגוררת
2 מנות אורז ארוד, מבושל
הוראות הגה

קוצצים את השום וחותכים את קד גה'לפנו.
מוסיפים ליסר את השום, גה'לפני ושמן הזיתון. מטגנים את הסגינים וא על שא
בינוני במשך כדקה אחת, או רק עד שהשום יחיר מאוד.
מחיה פיסים אחת תחית שעועית פינטו ולבלנדר, עם הונזל שבפחית, ומטגנים עד לקבלת
מחית חלקה.
מוסיפים ליסר את השעועית חרוטה את המרוסקת והמחית חפה השנייה (מרקום) עם
השום והגה'לפני. מ ערבבים היאל.
מתבלים את השעועית בפפריקה המעושנת, כמון, פלפל בטרו חריף. מערבבים היאל,
ולאחר כמן מחממים עד בינוני, תוד ערבוב ידי פעם.
בלספוף, מוסיפים את הצ'דר המגורר ומערבבים עד שהוא נמס בצורה הרוד הלקד תלוד
שעועית. עם התקנים את השעועית ומתקנים את הטעמים לפי מכמם. מגישים על אורז וא
עם ההוראה הבוהב עליכם.

160

73. אורז ושעועית עם פסטו בזיליקום

מנות 4:מנות

רכיבים
- ספריי בישול ירקות
- 1 כוס בצל קצוץ
- 1 כוס אורז ארוך דגן לא מבושל
- 13¾ אונקיה מרק עוף ללא תוספת מלח, (פחית אחת)
- 1 כוס עגבנייה לא קלופה קצוצה
- ¼ כוס רוטב בזיליקום פסטו מסחרי
- 16 אונקיות שעועית פינטו

הוראות הגעה

a) מצפים מחבת גדולה בתרסיס בישול ומניחים על אש בינונית-גבוהה עד שהיא חמה.

b) להוסיף בצל; להקפיץ 2 דקות. מוסיפים אורז ומרק; להביא לרתיחה.

c) מנמיכים את האש ומבשלים, ללא מכסה, 15 דקות או עד שהאורז מוכן והנוזלים נספגים.

d) מערבבים פנימה עגבניות, רוטב פסטו ושעועית; מבשלים 2 דקות או עד לחימום יסודי.

74. סטייק צד עם שעועית שחורה ואורז

מנות:6 מנות

רכיבים

- 1½ פאונד סטייק פלנק
- 3 כפות שמן צמחי
- 2 עלי דפנה
- 5 כוסות ציר בקר
- 4 כפות שמן זית
- 2 בצלים; קצוץ
- 6 שיני שום; טָחוּן
- 1 כף אורגנו מיובש
- 1 כף כמון טחון
- 2 עגבניות; זרעים, קצוצים
- מלח; לטעום
- פלפל שחור טחון טרי; לטעום
- שעועית פינטו
- אורז לבן מבושל
- 2 כפות שמן צמחי
- 6 ביצים

הוראות הגעה

a) מתבלים את הסטייק במלח ופלפל. מחממים שמן צמחי במחבת גדולה וכבדה על אש גבוהה. מוסיפים סטייק ומבשלים עד להשחמה מכל הצדדים. מוסיפים עלי דפנה וציר.

b) מנמיכים את האש ומבשלים לאט עד שהסטייק רך מאוד, הופכים מדי פעם, כשעתיים.

c) מסירים מהאש ומניחים לבשר להתקרר בציר. מוציאים את הבשר מהציר ומגרסים אותו. שמור 1 כוס נוזל בישול; לשמור את נוזל הבישול הנותר לשימוש אחר. מחממים שמן זית במחבת גדולה וכבדה על אש בינונית-גבוהה. מוסיפים בצל ומטגנים עד להזהבה.

d) מוסיפים שום, אורגנו וכמון ומאדים עד ריח. מוסיפים עגבניות וממשיכים לבשל עד שרוב הנוזלים מתאדים.

e) הוסף בשר מגורר ו-1 כוס נוזל בישול שמור. מתבלים לפי הטעם במלח ופלפל. מסדרים את בשר הבקר, האורז והשעועית על מגש מלבני בשלוש שורות עם האורז במרכז (הוא אמור להיראות כמו דגל ונצואלה).

f) מחממים שמן צמחי במחבת גדולה וכבדה על אש בינונית. פורצים ביצים למחבת. מטגנים עד להתייצבות רכה. מגישים על גבי שעועית, בשר ואורז.

75. אורז אפריקאי ושעועית

רכיבים

½ כוס שמן אדום / דק / וא נקלוה השתמשתי ב-½ ו-½
2-3 שיני שום קצוצות
1 בצל בינוני חתוך לקוביות
1 כף פפריקה מעושנת
1 כפית טימין יבש
½ פלפל סקוטי מצנפת או ½ כפית פלפל קיין
4 עגבניות חתוכות לקוביות
2 כוסות אורז שטוף
2 כוסות שעועית מבושלת אפונה שחורה, אדמה, שחורת עיניים
4 1/2 - 5 כוסות מרק עוף או מים
1 כף חלב או יותר לפי הטעם
1/4 כוס סינטרס אופציונלי
1 כפית ציר עוף אופציונלי

הוראות הגהה

לחמם סיר עם שמן. לחמם מכן מוסיפים בצל, שום, טימין, פפריקה
ומוסיפים פלפל. מטגנים כדק, מוסיפים עגבניות. מבשלים כ-5-7 דקות.
מערבבים פנים המין אורז לחמבת; ממשיכים לערבב כ-2 דקות.
לחמם מכן מוסיפים שעועית, 4 וחצי כוסות ציר עוף/מים, מביאים לרתיחה מנמיכים את
האש ומבשלים עד שהאורז מבושל, כ-18 דקות או יותר. מאתה להמל פלפל. את
צריך לערבב בערך מדי פעם כדי למנוע כוויות.
מגישים חם עם עוף, בתישל או יקורת

76. מרק שעועית ואורז

מנות: 4

רכיבים

- 2 כוסות עוף מבושל וחתוך לקוביות
- 1 כוס אורז ארוך, מבושל
- 2 קופסאות 15 אונקיות של שעועית פינטו, סחוטות
- 4 כוסות ציר עוף
- 2 כפות תערובת תיבול טאקו
- 1 כוס רוטב עגבניות

תוספות:

- גבינה מגוררת
- סלסה
- כוסברה קצוצה
- בצל חתוך

כיוונים

מניחים את כל החומרים בסיר ביוני. מערבבים בעדינות.
מבשלים על אש בינוני, מבשלים כ-20 דקות, תוך ערבוב מדי פעם.
מגישים עם תוספות.

169

77. צ'ילי קון קרנה

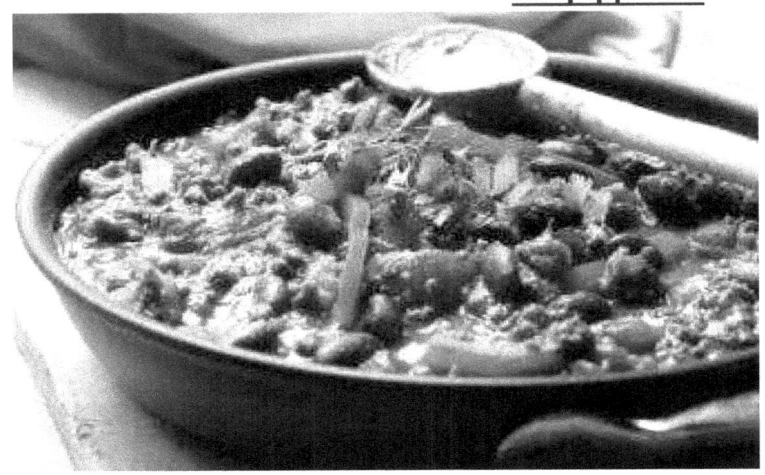

רכיבים

- בשר בקר טחון/טחון 500 גרם
- 1 בצל גדול קצוץ
- 3 שיני שום
- 2קופסאות עגבניות קצוצות 400 גרם
- סחיטת רסק עגבניות
- 1 כפית אבקת צ'ילי (או לפי הטעם)
- 1 כפית כמון טחון
- קורטוב של רוטב ווסטר
- מפזרים מלח ופלפל
- 1 פלפל אדום קצוץ
- 1 קופסת שעועית סחוטה 400 גרם

מינוויכ

ץוצק םוש םיפיסומ זאו םוח טעמכ אוהש דע ןמש םע המח תבחמב לצבה תא םינגטמ
םיצור םא ןמושה יפדוע לכ תא םיננסמ ;המחשהל דע םיבברעמו ןוחטה תא םיפיסומ
תוינבגע םיפיסומו שאה תא םיכימנמ זאו לוביתהו םישביה םינילבתה לכ תא םיפיסומ
תוצוצק
העשכ לשבתהל םיחינמ זאו ריישרטסוו בטורו תוינבגע קסר םיפיסומו בטיה םיבברעמ
(םירהממ םתא םא תוחפ)
תא ופיסוה ןכמ רחאלו ,תוקד 5 ךשמב לשבל וכישמהו ץוצקה םודאה לפלפה תא ופיסוה
,והשלכ בלשב שבייתמ ילי'צה םא .תופסונ תוקד 5 םילשבמו הטוחסה תיעועשה תספוק
.םימ טעמ ופיסוה
!הטספ וא המדא יחופת טק'ג ,זרוא םע םישיגמ

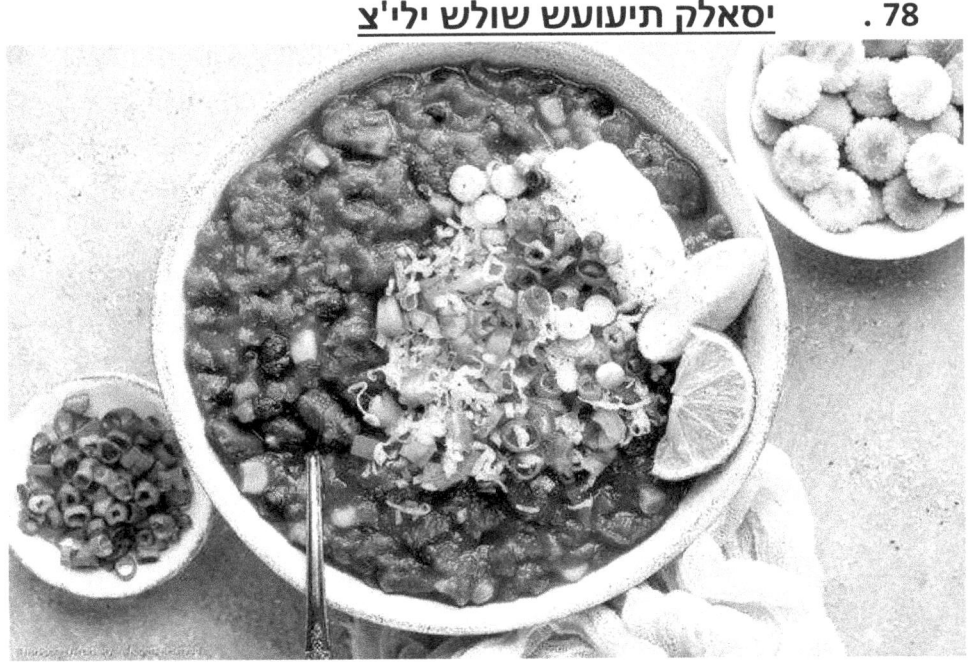

רכיבים:

1 קופסת שעועית שחורה, מנוקזת ושטופה

1 קופסת שעועית כליה, סחוטה ושטופה

1 קופסת שעועית פינטו, מרוקן ושטוף

1 בצל, קצוץ

2 שיני שום, קצוצות

1 פלפל אדום, קצוץ

1 כף אבקת צ'ילי

1 כפית כמון

2/1 כפית פפריקה

4/1 כפית פלפל קאיין

2 קופסאות עגבניות חתוכות לקוביות, לא מסוקנות

2 כוסות מרק ירקות

מלח ופלפל לפי הטעם

הוראות:

בסיר גדול מטגנים את הבצל, השום והפלפל האדום על אש בינונית עד לריכוך.

מוסיפים את אבקת הצ'ילי, הכמון, הפפריקה ופלפל הקאיין ומבשלים 1-2 דקות תוך ערבוב מתמיד.

מוסיפים את קוביות העגבניות (עם מיצים), השעועית ומרק הירקות.

מביאים את הצ'ילי לרתיחה, מנמיכים את האש ומבשלים 30 דקות.

מתבלים במלח ופלפל לפי הטעם ומגישים חם.

79 . צ'ילי האוניק

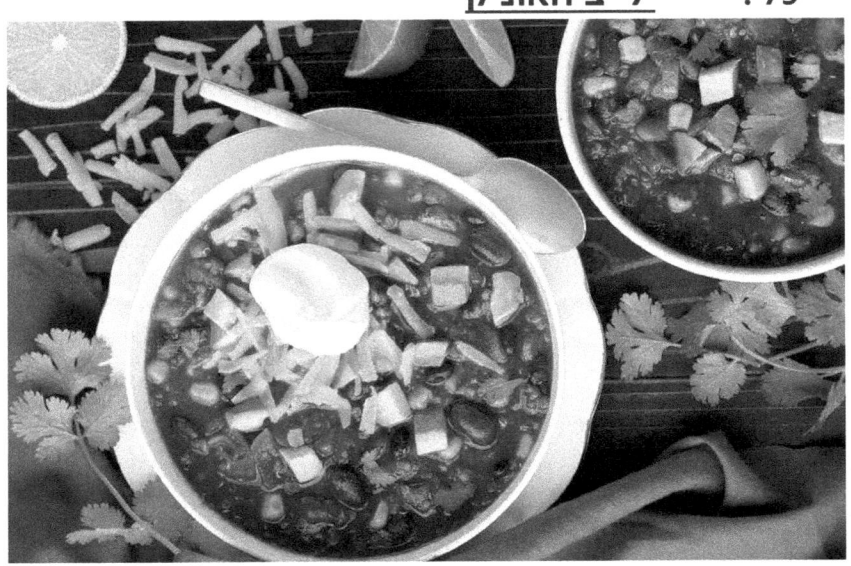

רכיבים:

1 כף שמן זית

1 בצל, קצוץ

2 שיני שום, קצוצות

1 פלפל אדום, קצוץ

1 פלפל ירוק, קצוץ

1 פלפל ג'לפניו, זרע וקצוץ

1 כוס קינואה, שטופה ומרוקנת

1 קופסת שעועית שחורה, מנוקזת ושטופה

1 קופסת שעועית כליה, סחוטה ושטופה

2 קופסאות עגבניות חתוכות לקוביות, לא מסוקנות

2 כוסות מרק ירקות

1 כף אבקת צ'ילי

1 כפית כמון

2/1 כפית פפריקה מעושנת

מלח ופלפל לפי הטעם

הוראות:

בסיר גדול מחממים את שמן הזית על אש בינונית.

מוסיפים את הבצל, השום, הפלפל האדום, הפלפל הירוק ופלפל הג'לפנו ומטגנים עד לריכוך.

מוסיפים את הקינואה, השעועית, קוביות העגבניות, מרק הירקות, אבקת הצ'ילי, הכמון והפפריקה המעושנת.

מביאים את הצ'ילי לרתיחה, ואז מנמיכים את האש ומבשלים במשך -25 30 דקות, או עד שהקינואה מבושלת.

מתבלים במלח ופלפל לפי הטעם ומגישים חם.

175

80. צ'ילי שעועית שחורה חריף

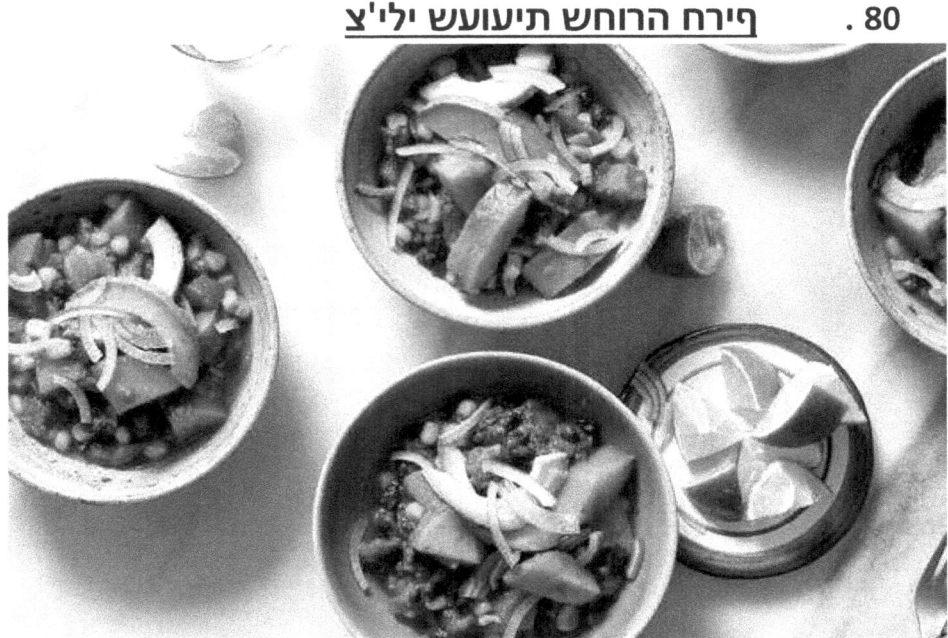

רכיבים:

1 כף שמן זית
1 בצל, קצוץ
2 שיני שום, קצוצות
1 פלפל ירוק, קצוץ
1 פלפל ג'לפניו, זרע וקצוץ
1 כף אבקת צ'ילי
1 כפית כמון
2/1 כפית פפריקה מעושנת
2 קופסאות שעועית שחורה, מנוקזת ושטופה
1 קופסת עגבניות חתוכות לקוביות, לא מסוקנות
2 כוסות מרק ירקות
מלח ופלפל לפי הטעם
הוראות:

בסיר גדול מחממים את שמן הזית על אש בינונית.

מוסיפים את הבצל, השום, הפלפל הירוק ופלפל הג'לפנו ומטגנים עד לריכוך.

מוסיפים את אבקת הצ'ילי, הכמון והפפריקה המעושנת ומבשלים 1-2 דקות תוך ערבוב מתמיד.

מוסיפים את השעועית השחורה, קוביות העגבניות ומרק הירקות.

מביאים את הצ'ילי לרתיחה, ואז מנמיכים את האש ומבשלים 20-25 דקות.

מתבלים במלח ופלפל לפי הטעם ומגישים חם.

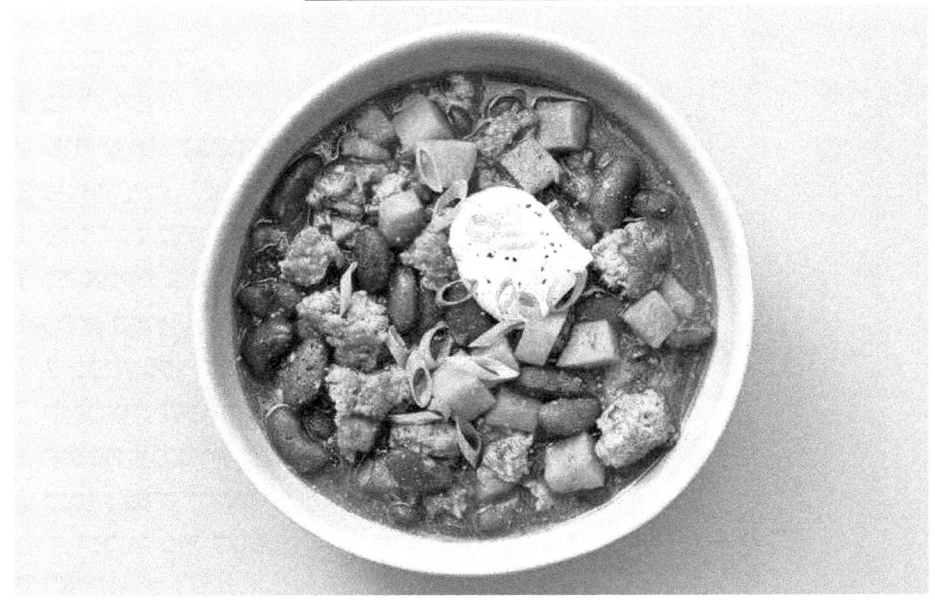

רכיבים:

1 כף שמן זית
1 בצל, קצוץ
2 שיני שום, קצוצות
1 פלפל אדום, קצוץ
1 פלפל ג'לפניו, זרע וקצוץ
2 בטטות בינוניות, קלופות וקצוצות
1 קופסת שעועית שחורה, מנוקזת ושטופה
1 קופסת עגבניות חתוכות לקוביות, לא מסוקנות
2 כוסות מרק ירקות
2 פלפלי צ'יפוטלה ברוטב אדובו, קצוצים
1 כפית פפריקה מעושנת
מלח ופלפל לפי הטעם
הוראות:

בסיר גדול מחממים את שמן הזית על אש בינונית.

מוסיפים את הבצל, השום, הפלפל האדום ופלפל הג'לפנו ומטגנים עד לריכוך.

מוסיפים את הבטטות ומאדים 5-7 דקות, או עד שהן מתחילות להתרכך.

מוסיפים את השעועית השחורה, קוביות העגבניות, מרק הירקות, פלפלי הצ'יפוטלה והפפריקה המעושנת.

מביאים את הצ'ילי לרתיחה, ואז מנמיכים את האש ומבשלים במשך 25-30 דקות, או עד שהבטטה רכה.

מתבלים במלח ופלפל לפי הטעם ומגישים חם.

82. צ'ילי עדשים

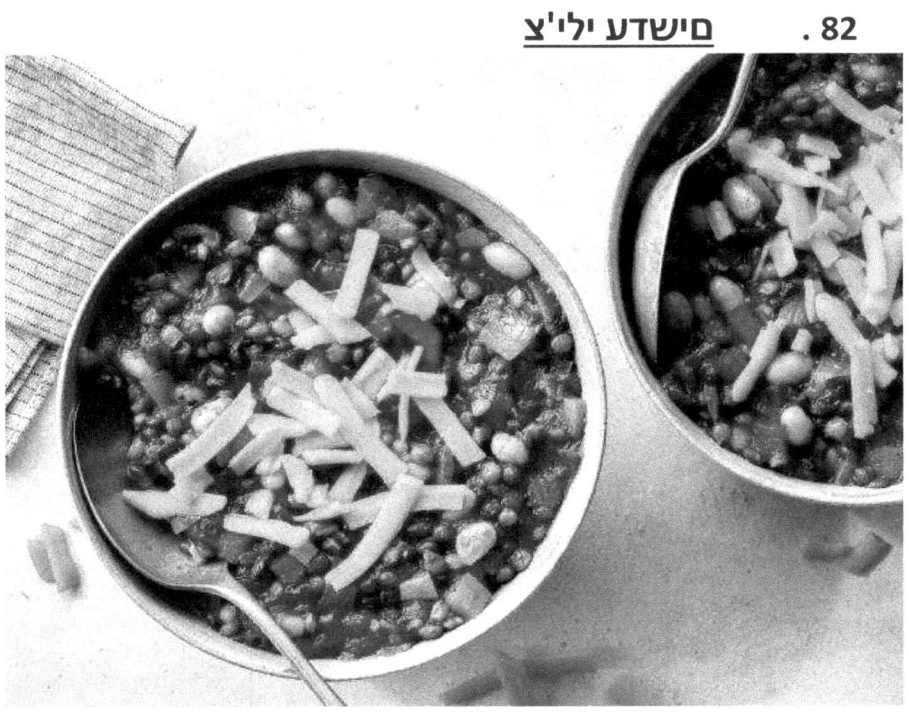

רכיבים:

1 כף שמן זית
1 בצל, קצוץ
2 שיני שום, קצוצות
1 פלפל אדום, קצוץ
1 פלפל ירוק, קצוץ
1 פלפל ג'לפניו, זרע וקצוץ
1 כוס עדשים חומות מיובשות, שטופות ומרוקנות
1 קופסת עגבניות חתוכות לקוביות, לא מסוקנות
2 כוסות מרק ירקות
1 כף אבקת צ'ילי
1 כפית כמון
2/1 כפית פפריקה מעושנת
מלח ופלפל לפי הטעם
הוראות:

בסיר גדול מחממים את שמן הזית על אש בינונית.

מוסיפים את הבצל, השום, הפלפל האדום, הפלפל הירוק ופלפל הג'לפנו ומטגנים עד לריכוך.

מוסיפים את העדשים, קוביות העגבניות, מרק הירקות, אבקת הצ'ילי, הכמון והפפריקה המעושנת.

מביאים את הצ'ילי לרתיחה, ואז מנמיכים את האש ומבשלים במשך 25-30 דקות, או עד שהעדשים רכות.

מתבלים במלח ופלפל לפי הטעם ומגישים חם.

83. מרק אורז

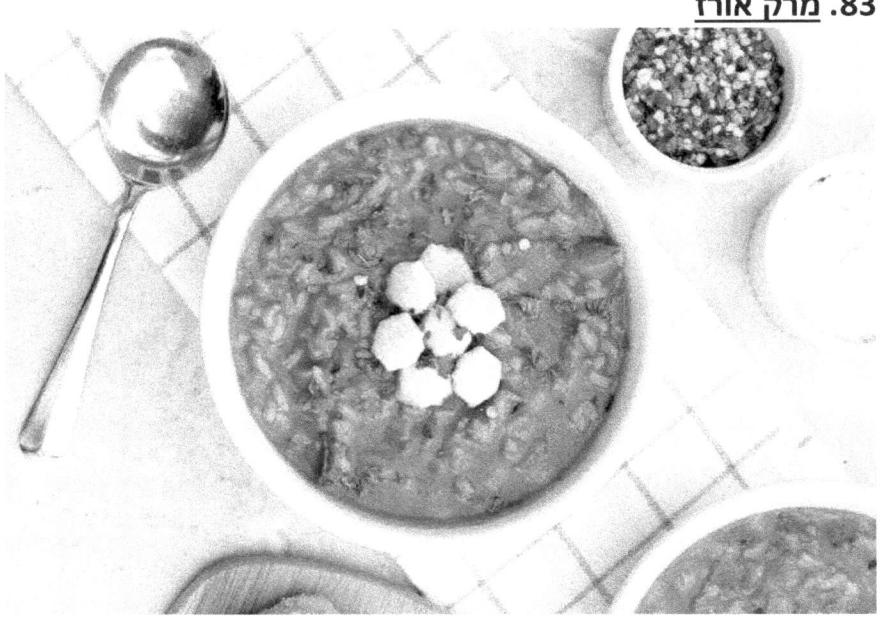

מנות: 4

רכיבים
4 גבעולי סלרי גדולים
3 גזרים גדולים
1 בצל לבן בינוני
1 כפית טימין מיובש
1 כפית פטרוזיליה מיובשת
1 כפית אבקת שום
1 כפית מלח
1/2 כפית מרווה טחונה
1 כף אמינו קוקוס
4 כוסות קרם ירקות
2 כוסות מים
2/3 כוס אורז לבן גרגיר ארוך
1 קופסת שעועית פינטו (חצי 15 אונקיות)

הוראות הכנה
חתכו או קצצו את הירקות לחתיכות בגודל ביס. הוסף סיר גדול והפעל על אש בינונית. מרסים את תחתית הסיר בשמן ובוקדו. או ספריי שמן זית. הוסף ירקות. מבשלים את הירקות 3-4 דקות. לאחר 3-4 דקות מוסיפים עלה דפנה, אמיני קוקוס. מערבבים ומבשלים עוד 1-2 דקות.
זמן שהירקות מתבשלים, שטוף היטב את אורז. מוסיפים 1/2 כוס קרם ירקות ומגרדים את החלקה התחתונה/צד של סיר מסירים כל החתיכות חומות מהתחתית. מוסיפים לסיר את יתרת הקרם, המים והאורז. מערבבים ומכסים. הגבירו את האש לגבוה.
לאחר שהמרק מגיע לרתיחה, מנמיכים את האש לנמוכה ומבשלים 15 דקות. בזמן שהמרק מתבשל, שוטפים ומרוקנים את השעועית. מוסיפים אותם למרק. ממש לפני ההגשה מוציאים את עלי הדפנה. הגש חם.

84 . צ'ילי קלאסי

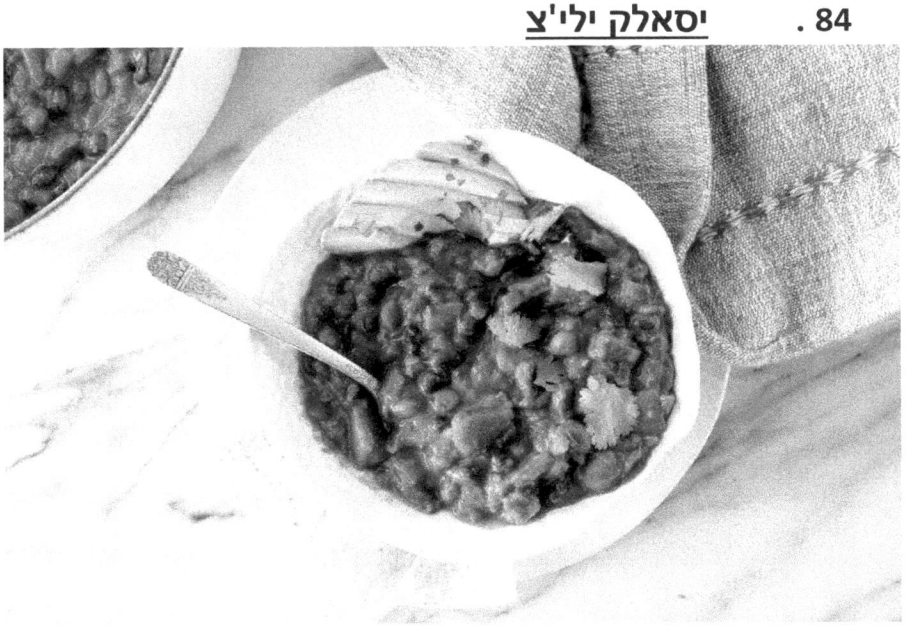

רכיבים:
1 קופסת שעועית כליה, סחוטה ושטופה
1 קופסת שעועית שחורה, מנוקזת ושטופה
1 קופסת שעועית פינטו, מרוקן ושטוף
1 בצל, קצוץ
2 שיני שום, קצוצות
1 פלפל אדום, קצוץ
1 פלפל קורי, קצוץ
1 קופסת עגבניות חתוכות לקוביות
1 קופסת רוטב עגבניות
1 כף אבקת צ'ילי
1 כפית כמון טחון
מלח ופלפל לפי הטעם
הוראות:

מחממים שמן בסיר גדול על אש בינונית-גבוהה.

מוסיפים בצל, שום ופלפלים ומטגנים עד שהבצל רך.

מוסיפים לסיר עגבניות משומרות, רוטב עגבניות ותבלינים ומערבבים היטב.

מוסיפים שעועית ומבשלים 15-20 דקות.

מתבלים במלח ופלפל לפי הטעם.

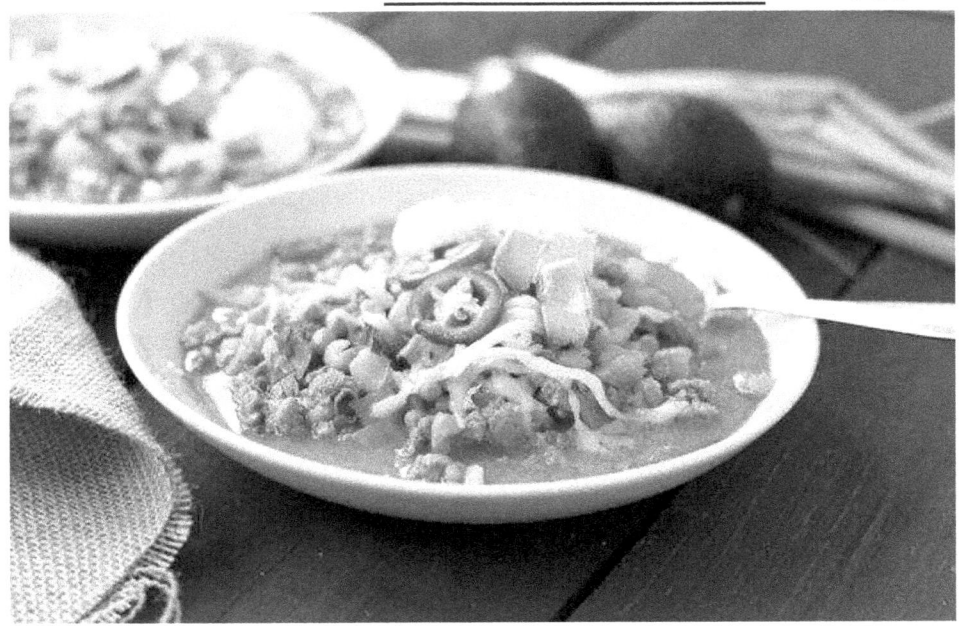

רכיבים:

1 כף שמן זית
1 ק"ג הודו טחון
1 בצל, קצוץ
2 שיני שום, קצוצות
2 כפות שעועית לבנה, מנוקזת ושטופה
1 קופסת גבנוניות חתוכות לקוביות
2 כוסות מרק עוף
2 כפיות אבקת צ'ילי
1 כפית כמון
מלח ופלפל לפי טעם
הוראות:

חממים שמן זית בסיר גדול על אש בינוני-גבוהה.

מוסיפים הודו טחון, בצל ושום ומבשלים עד שהודו חום.

מוסיפים שעועית לבנה, מרק עוף ותבלינים ומערבבים היטב.

מביאים לרתיחה ומבשלים 20-25 דקות.

מתבלים במלח ופלפל לפי טעם.

187

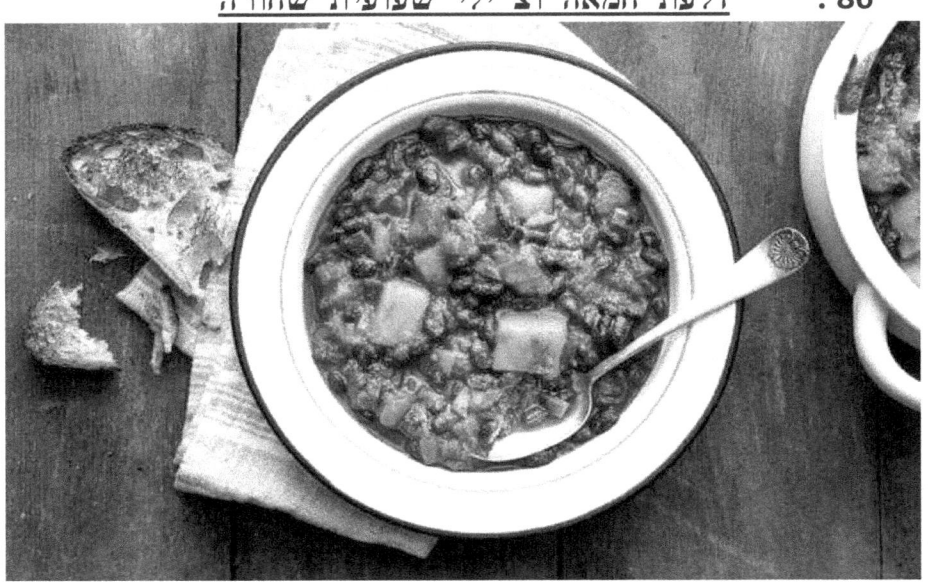

רכיבים:

2 כפות שמן זית
1 בצל, קצוץ
3 שיני שום, קצוצות
1 דלעת חמאה, קלופה וקצוצה
1 כפות שעועית שחורה, מנוקזת ושטופה
1 כפות עגבניות חתוכות לקוביות
2 כוסות מרק ירקות
2 כפיות אבקת צ'ילי
1 כפית כמון
מלח ופלפל לפי טעם
הוראות:

מחממים שמן זית בסיר גדול על אש בינוני-גבוה.

מוסיפים בצל, ומטגנים 5-7 דקות.

מוסיפים שום ודלעת חמאה ומטגנים.

מוסיפים סיר לעגבניות משומרות, מרק ירקות ותבלינים ומערבבים היטב.

מוסיפים שעועית שחורה ומביאים לסימר 20-25 דקות או עד שהחמאה רך.

מתבלים במלח ופלפל לפי טעם.

189

87. עוף בבישול איטי וצ'ילי שעועית שחורה

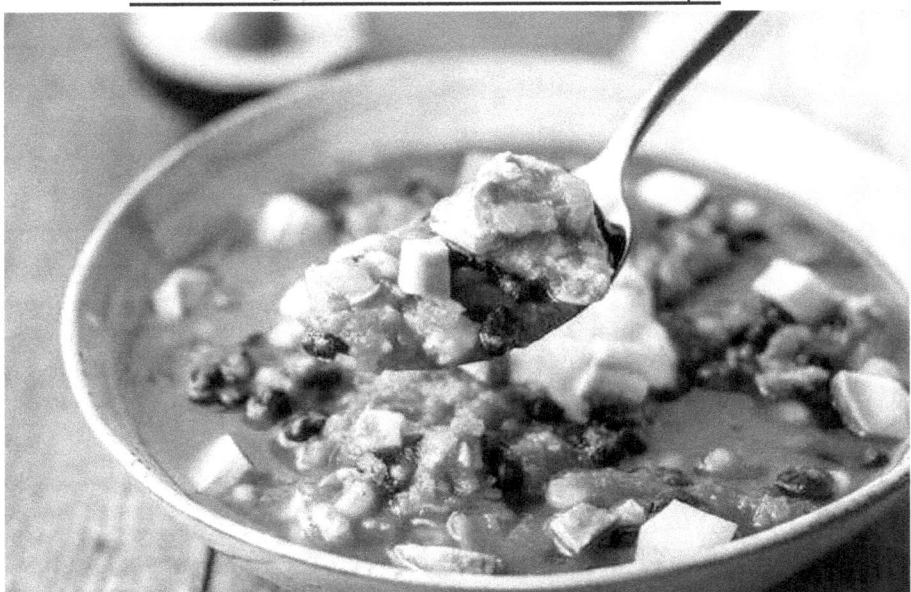

רכיבים:

1 ק"ג חזה עוף ללא עצמות, קצוץ
1 בצל
2 שיני שום, קצוצות
1 כפות שעועית שחורה, מנוקזת ושטופה
1 כפסת גבעניות חתוכות לקוביות
2 כוסות מרק עוף
2 כפיות אבקת צ'ילי
1 כפית כמון
מלח ופלפל לפי טעם
הוראות:

מוסיפים את כל החומרים לסיר בישל ואיטי ומערבבים לאיחוד.

מבשלים על נמוך 6-8 שעות או על גבוה 3-4 שעות.

מתבלים במלח ופלפל לפי טעם.

191

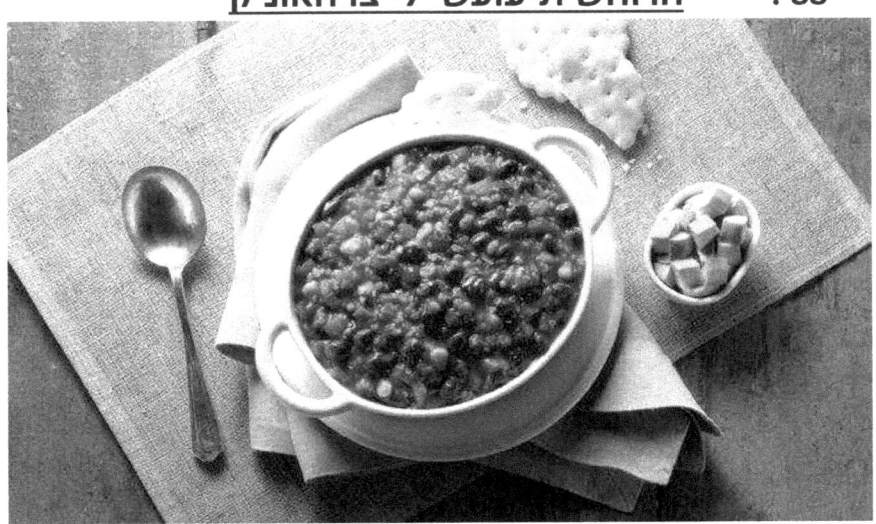

רכיבים:

1 כף שמן זית
1 בצל, קצוץ
2 שיני שום, קצוצות
1 פלפל אדום, קצוץ
1 קופסת שעועית שחורה, מנוקזת ושטופה
1 קופסת עגבניות חתוכות לקוביות
2 כוסות מרק ירקות
1/2 כוס קינואה
2 כפיות אבקת צ'ילי
1 כפית כמון
מלח ופלפל לפי טעם
הוראות:

מחממים שמן זית בסיר גדול על אש בינוני-גבוהה.

מוסיפים בצל, שום ופלפלים ומטגנים עד שהבצל שקוף.

מוסיפים שעועית שחורה, עגבניות משומרות, קרם קינואה, ותבלינים ומערבבים היטב.

מביאים לרתיחה שחורה במבשלים דקות 20-25 עד שהקינואה רכה.

מתבלים במלח ופלפל לפי טעם.

89 . צ'ילי בקר ושעועית

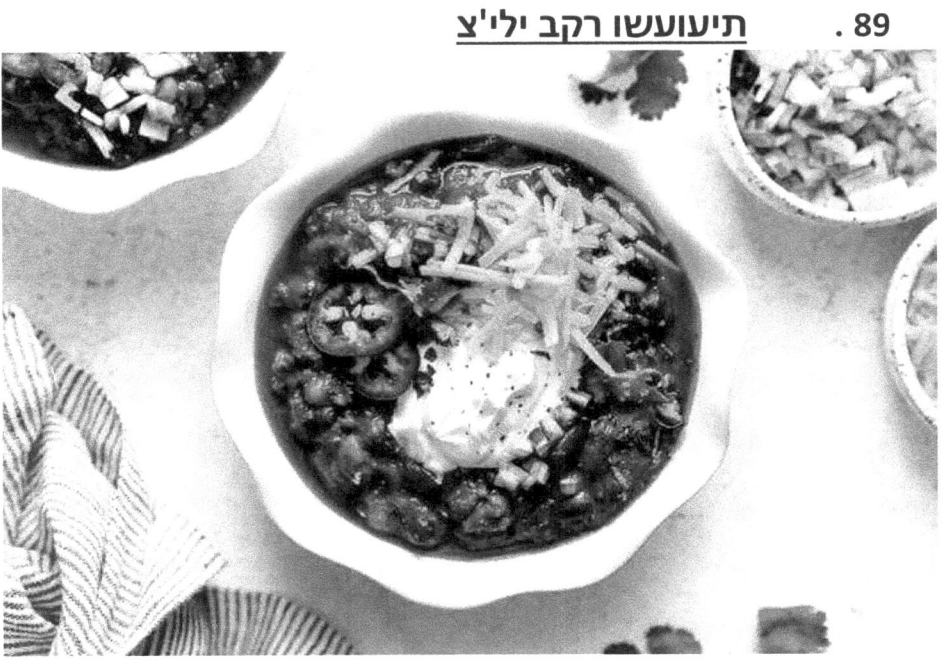

רכיבים:

1 ק"ג בשר בקר טחון
1 בצל, קצוץ
2 שיני שום, קצוצות
1 כפות שמן כליה, סחוט ושטופה
1 כפות גבינות חתוכות לקוביות
2 כוסות מרק בקר
2 כפיות אבקת צ'ילי
1 כפית כמון
מלח ופלפל לפי טעם
הוראות:

במבשלים בשר בקר טחון עד רוסי גדול על אש בינוני-גבוהה עד להחממ.

מוסיפים בצל ושום ומטגנים עד שהבצל נשל שקוף.

מוסיפים לסיר גבינות משומרות, מרק בקר ותבלינים ומערבבים היטב.

מוסיפים את השעועית ומבשלים 20-25 דקות.

מתבלים במלח ופלפל לפי טעם.

195

90. צ'ילי עדשים ושעועית שחורה

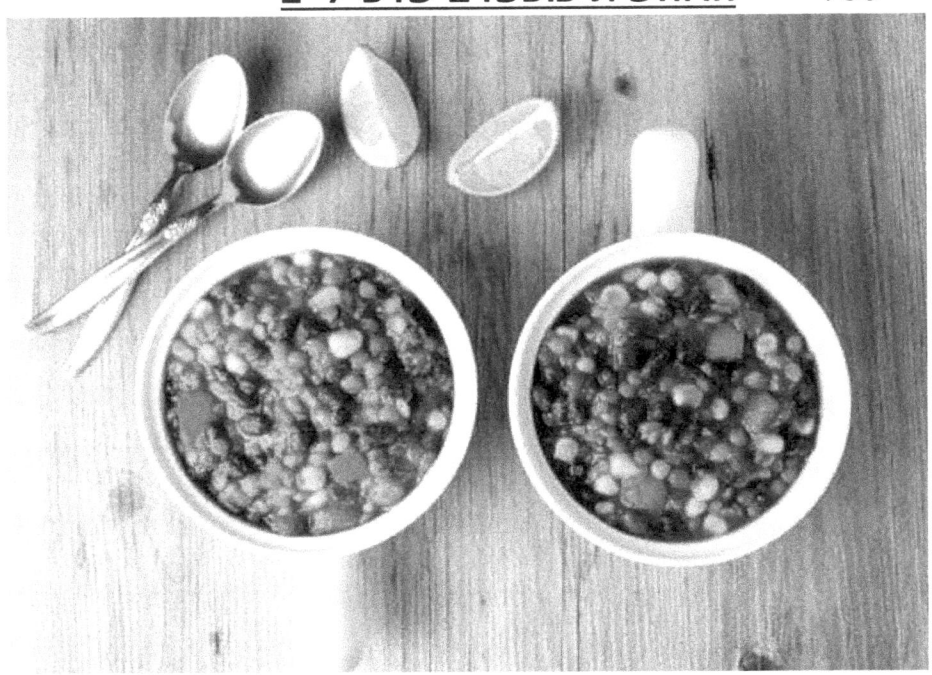

רכיבים:

2 כפות שמן זית
1 בצל, קצוץ
2 שיני שום, קצוצות
1 פלפל אדום, קצוץ
1 קופסת שעועית חומה, מנוקזת ושטופה
1 קופסת עגבניות חתוכות לקוביות
2 כוסות מרק ירקות
1 כוס עדשים יבשות, שטופות ומרוקנות
2 כפיות אבקת צ'ילי
1 כפית כמון
מלח ופלפל לפי טעם
הוראות:

מחממים שמן זית בסיר גדול על אש בינוני-גבוה.

מוסיפים בצל, שום ופלפלים ומטגנים עד שהבצל שקוף.

מוסיפים עגבניות קצוצות משומרות, מרק ירקות, עדשים ותבלינים ומערבבים היטב.

מביאים לרתיחה ואז מנמיכים את האש ומבשלים במשך 25-30 דקות או עד שהעדשים רכות.

מתבלים במלח ופלפל לפי טעם.

197

91. צ'ילי חזיר ושעועית לבנה

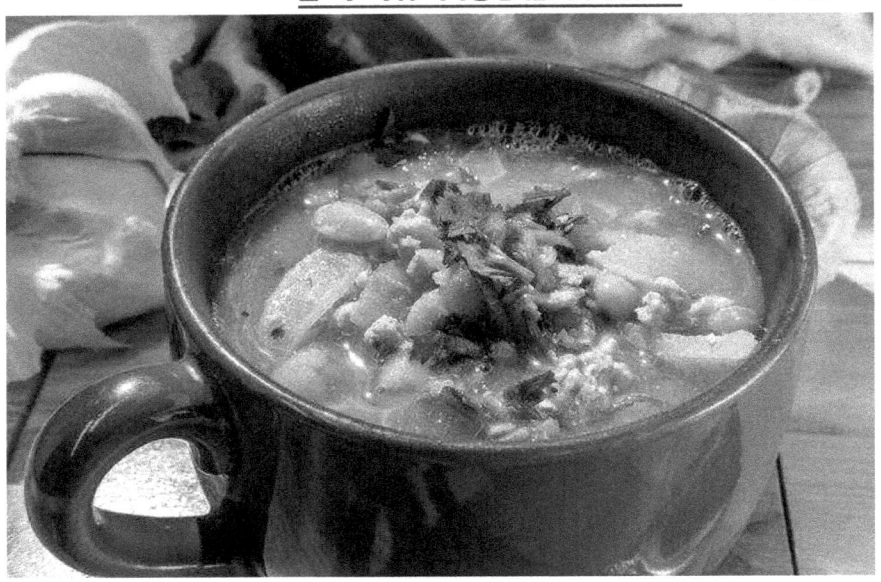

רכיבים:

1 ק"ג כתף חזיר, קצוח וקצוץ

1 בצל, קצוץ

2 שיני שום, קצוצה

2 כפות שמן זית לבישול, מנוקזת ושטוף

1 כפות עגבניות חתוכות לקוביות

2 כוסות מרק עוף

2 כפיות אבקת צ'ילי

1 כפית כמון

מלח ופלפל לפי טעם

הוראה:

מבשלים כתף חזיר ביסיר גדול על אש שמנונית-גבוהה עד להשחמה.

מוסיפים בצל ושום מטוגנים עד שהבצל נעשה שקוף.

מוסיפים עגבניות חתוכות, מרק עוף, ותבלינים ומערבבים היטב.

מוסיפים שעועית לבנה ומבשלים 20-25 דקות.

מתבלים במלח ופלפל לפי טעם.

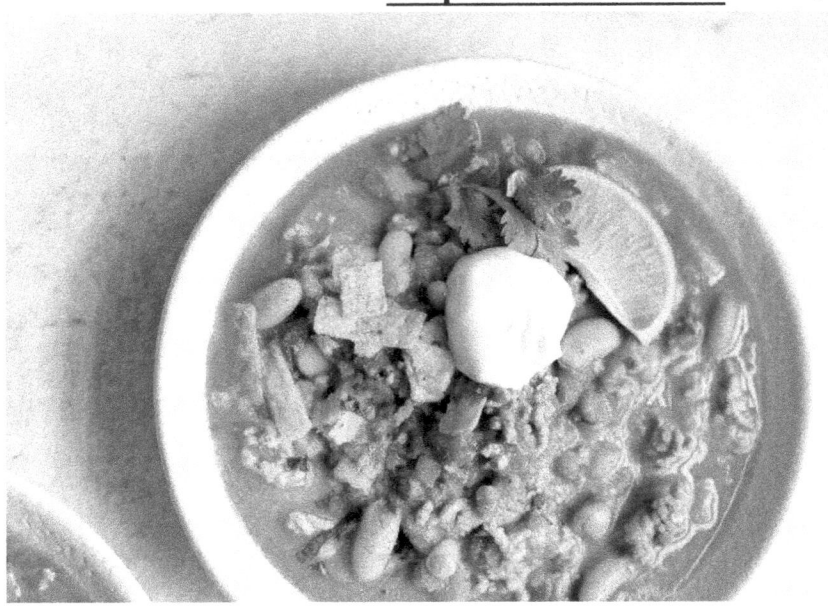

:רכיבים

1 ק"ג הודו טחון
1 בצל, קצוץ
2 שיני שום, קצוצות
1 קופסת שעועית כליה, סחוטה ושטופה
1 קופסת שעועית שחורה, מנוקזת ושטופה
1 קופסת עגבניות חתוכות לקוביות
2 כוסות מרק עוף
2 כפיות אבקת צ'ילי
1 כפית כמון
מלח ופלפל לפי הטעם
:הוראות

.מבשלים הודו טחון בסיר גדול על אש בינונית-גבוהה עד להשחמה

.מוסיפים בצל ושום ומטגנים עד שהבצל נעשה רך

.מוסיפים לסיר עגבניות משומרות, מרק עוף ותבלינים ומערבבים היטב

.מוסיפים שעועית ושעועית שחורה ומבשלים 20-25 דקות

.מתבלים במלח ופלפל לפי הטעם

93. צ'ילי בטטה ושעועית שחורה

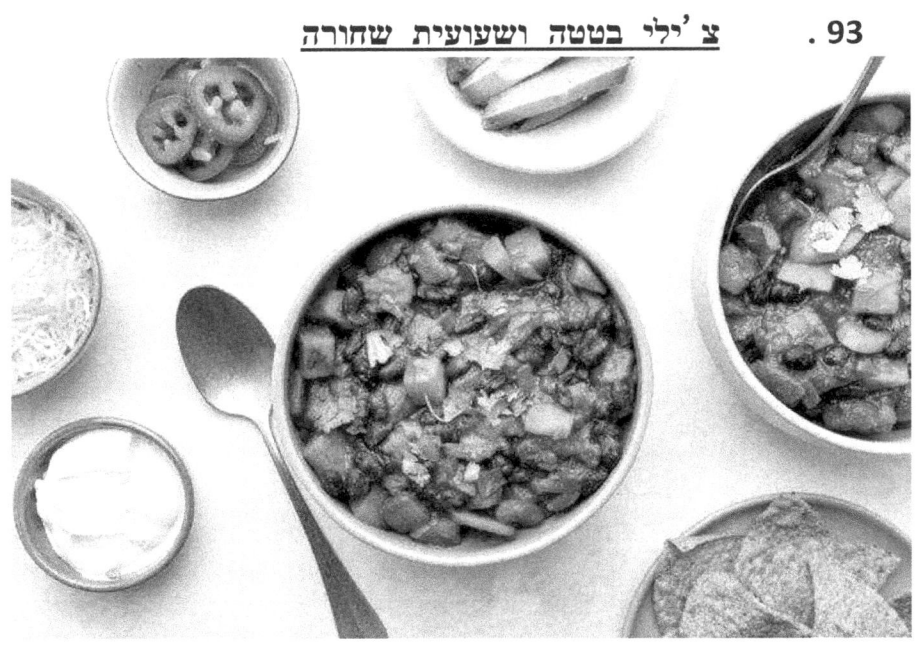

רכיבים:

2 כפות שמן זית
1 בצל, קצוץ
2 שיני שום, קצוצות
1 פלפל אדום, קצוץ
1 בטטה גדולה, קלופה וחתוכה לקוביות
1 כוס עדשים שחורות, מנוקזות ושטופה
1 כוס גרבנזו חתוכות לקוביות
2 כוסות מרק ירקות
2 כפיות אבקת צ'ילי
1 כפית כמון
מלח ופלפל לפי טעם
הוראות:

מחממים שמן זית בסיר גדול על אש בינוני-גבוה.

מוסיפים בצל, שום ופלפלים ומטגנים עד שקוף.

מוסיפים לסיר בטטה, גרבנזו ומשומרות, קרם ירקי ותבלינים ומערבבים היטב.

מוסיפים שעועית שחורה ומבשלים 25-30 דקות או עד שהבטטה רכה.

מתבלים במלח ופלפל לפי טעם.

203

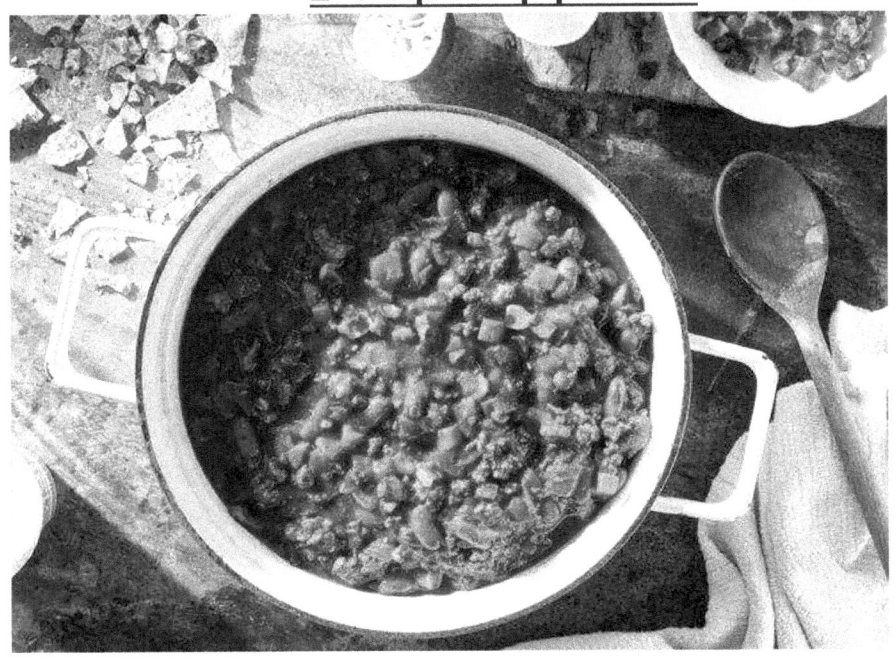

רכיבים:

1 ק"ג בשר בקר טחון
4 פרוסות ביקון חתוכות לקוביות
1 בצל, קצוץ
2 שיני שום, קצוצות
1 כפות שעועית לבנה, סחוטה ושטופה
1 כפות גבינות חתוכות לקוביות
2 כוסות מרק בקר
2 כפיות אבקת צ'ילי
1 כפית כמון
מלח ופלפל לפי הטעם

הוראות:

במבשלים ביקון ובשר בקר על אש גדול-בינוני עד ההובה. מוציאים מהסיר ומניחים בצד.

מוסיפים לסיר בשר בקר טחון ומבשלים עד המחשה.

מוסיפים בצל ושום ומטגנים עד שהשעליצה נעשה קשוף.

מוסיפים לסיר עגבניות משומרות, קרם בקר ותבלינים ומערבבים היטב.

מוסיפים את השעועיות ומבשלים 20-25 דקות.

מתבלים במלח ופלפל לפי הטעם. להעמל עם ביקון פריך.

205

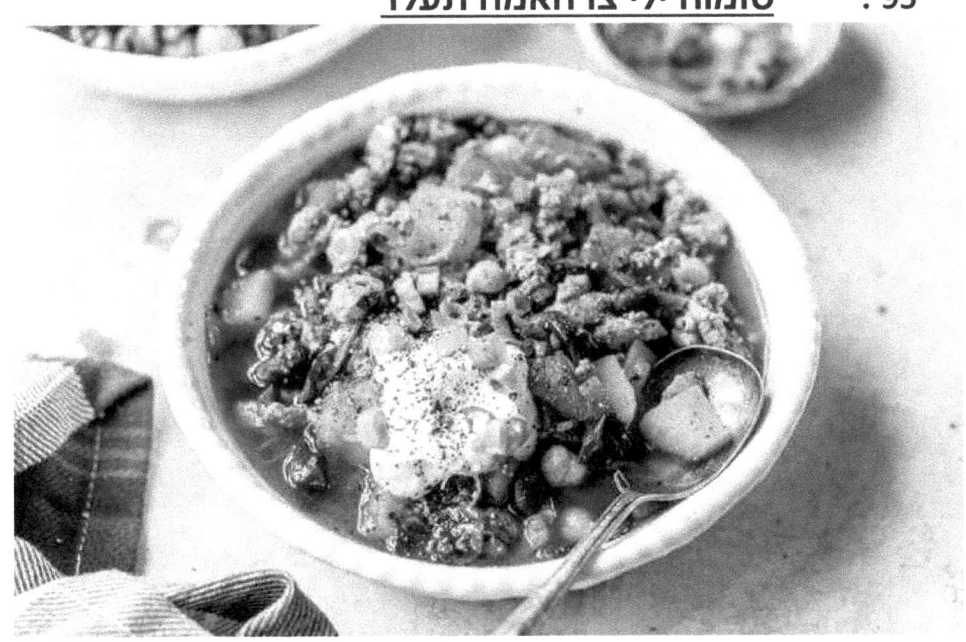

רכיבים:

2 כפות שמן זית
1 בצל, קצוץ
2 שיני שום, קצוצות
1 פלפל אדום, קצוץ
1 דלעת חמאה קטנה, קלופה וחתוכה לקוביות
1 כפסות חומוס, סחוט ושטוף
1 כפסות גבעניות חתוכות לקוביות
2 כוסות מרק ירקות
2 כפיות אבקת צ'ילי
1 כפית כמון
מלח ופלפל לפי טעם
הוראות:

מחממים שמן זית בסיר גדול על אש בינוני-גבוה.
מוסיפים בצל, שום ופלפלים ומטגנים עד שהצבע רך.
מוסיפים דלעת חמה, גבעניות משומרות, קרם חומוס ותבלינים ומערבבים היטב.
מוסיפים גרגירי חומוס ומבשלים 25-30 דקות או עד שהדלעת רכה.
מתבלים במלח ופלפל לפי טעם.

96. צ'ילי עוף ושעועית לבנה עם ליים

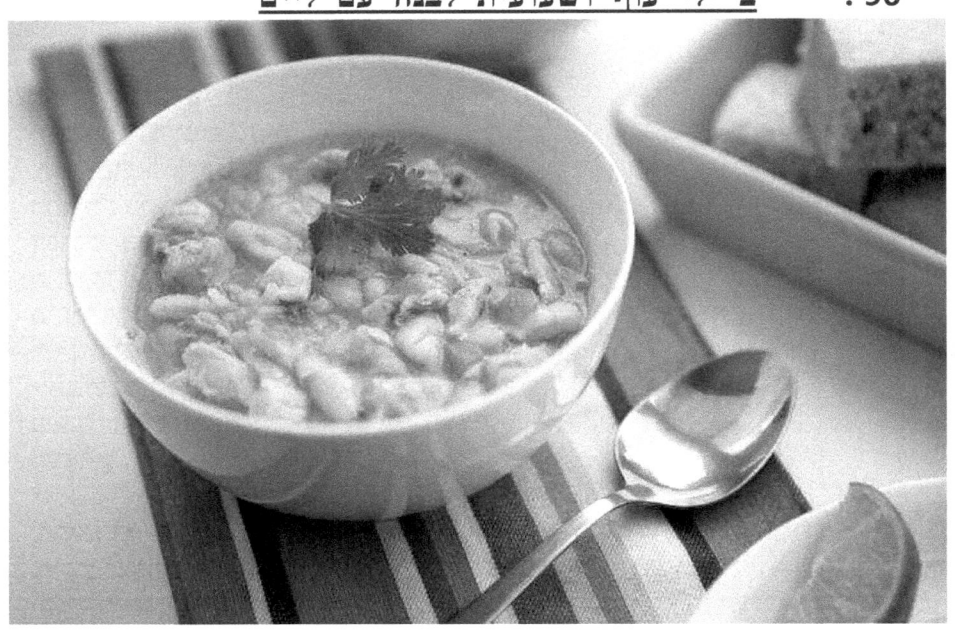

רכיבים:

1 ק"ג חזה עוף ללא עצמות, חתוך לחתיכות בגודל ביס

1 בצל, קצוץ

2 שיני שום, קצוצות

1 קופסת שעועית לבנה, מנוקזת ושטופה

1 קופסת עגבניות חתוכות לקוביות

2 כוסות מרק עוף

מיץ מ-1 ליים

2 כפיות אבקת צ'ילי

1 כפית כמון

מלח ופלפל לפי טעם

הוראות:

מבשלים עוף בסיר גדול על אש בינונית-גבוהה עד להשחמה.

מוסיפים בצל ושום ומטגנים עד שהבצל נעשה שקוף.

מוסיפים לסיר עגבניות משומרות, מרק עוף, מיץ ליים ותבלינים ומערבבים היטב.

מוסיפים שעועית לבנה ומבשלים 20-25 דקות.

מתבלים במלח ופלפל לפי טעם.

97. צ'ילי בקר ושעועית עם בירה

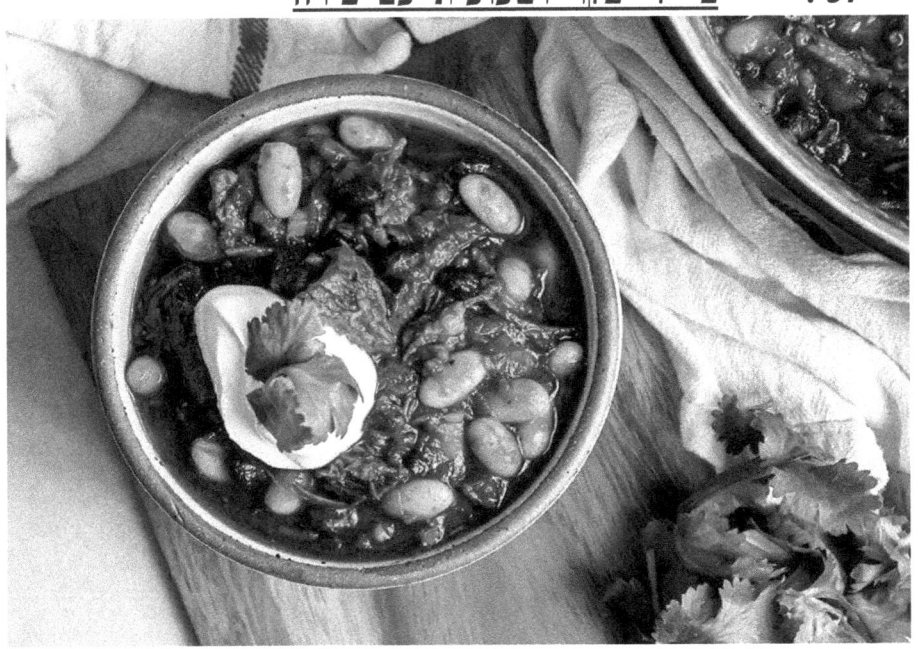

רכיבים:

1 ק"ג בשר בקר טחון
1 בצל, קצוץ
2 שיני שום, קצוצות
1 כפות שמן זית חם, סחוט ושטופה
1 כפות גבינות חתוכות לקוביות
1 כוס אורז
2 כוסות מרק בקר
2 כפיות אבקת צ'ילי
1 כפית כמון
מלח ופלפל לפי טעם
הוראות:

1. בשמיל בשר בקר טחון ובצל ריסר גדול על עם בניני-גבוהה עד הלחשמה.

2. מוסיפים בצל ושום ומטגנים עד שהצבע נשקוף.

3. מוסיפים לסיר בגינות משמורת, בריה, קרם בקר ותבלינים ומערבבים היטב.

4. מוסיפים את השעויות ובמשלים 20-25 דקות.

5. מתבלים במלח ופלפל לפי טעם.

98 . צ'ילי טלה מרוקאי

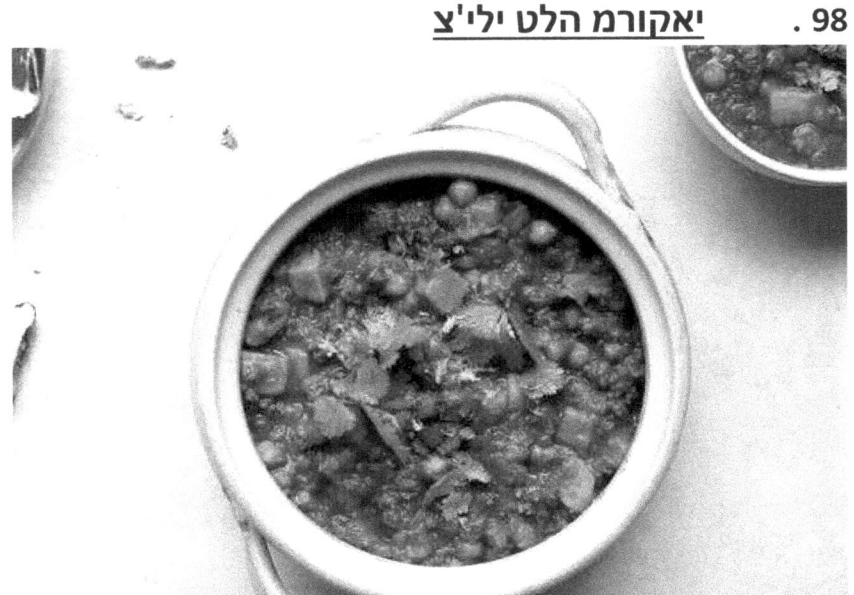

רכיבים:

2 ק"ג טלה טחון
2 כפות שמן זית
1 בצל גדול, קצוץ
4 שיני שום, קצוצות
2 פלפלים אדומים, קצוצים
פחית אחת (28 אונקיות) עגבניות חתוכות לקוביות, לא מסוקנות
2 קופסאות (15 אונקיות כל אחת) חומוס, סחוט ושטוף
2 כפות משחת חריסה
1 כפית כמון טחון
1/2 כפית ג'ינג'ר טחון
מלח ופלפל לפי הטעם
הוראות:

מחממים שמן זית בסיר גדול על אש בינוני-גבוה.

מוסיפים בצל ושום ומטגנים עד שהבצל נעשה שקוף.

מוסיפים טלה טחון ומבשלים עד להשחמה.

מוסיפים פלפל אדום וממשיכים לבשל 5 דקות.

מוסיפים קוביות עגבניות, חומוס, משחת חריסה, כמון, ג'ינג'ר, מלח ופלפל.

מביאים לרתיחה, ואז מנמיכים את האש למינימום ומבשלים במשך 30 דקות.

מגישים חם ונהנים!

99 . צ'ילי בבשר איי

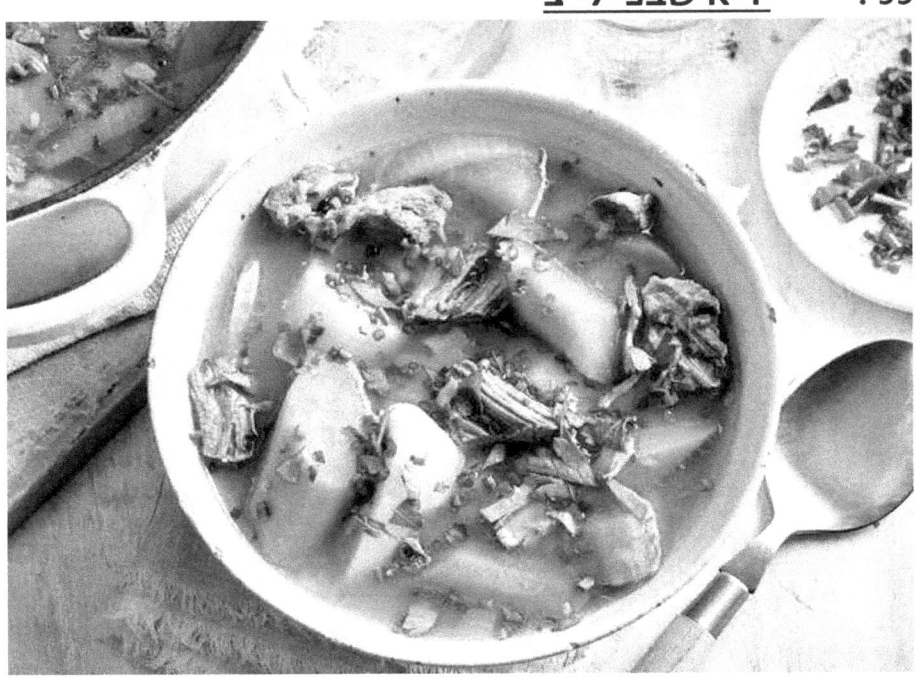

רכיבים:

2 ק"ג טלה חווֹן
2 כפות שמן זית
1 בצל גדול, קצוץ
4 שיני שום, קצוצות
2 פלפלים אדומים, קצוצים
חפיחת אחת (28 אונקיות) עגבניות חתוכות לקוביות, לא מסוקנות
2 פוספאות שימורים (15 אונקיות כל אחת) שעועית קנליני, סחוטה ושטופה
1 קובקב בירה אריה טסטא
2 כפות רסק עגבניות
1 כף סוכר חום
1 כף רוטב ווסטרשייר
1 כפית טימין מיובש
מלח ופלפל לפי טעם
הוראות:

מחממים שמן זית בסיר גדול על אש בינונית-גבוהה.

מוסיפים בצל ושום ומטגנים עד שהבצל נעשה שקוף.

מוסיפים טלה וחווֹן ומבשלים עד להשחמה.

מוסיפים פלפל אדום וממשיכים לבשל 5 דקות.

הוסף קוביות עגבניות, שעועית קנליני, בירה אריה טסטא, רסק עגבניות, סוכר חום,
רוטב ווסטרשייר, טימין, מלח ופלפל.

מביאים לרתיחה, ואז מנמיכים את האש ומבשלים למינימום במשך 30 דקות.

מגישים חם ונהנים!

215

100. מרק צ'ילי פירות

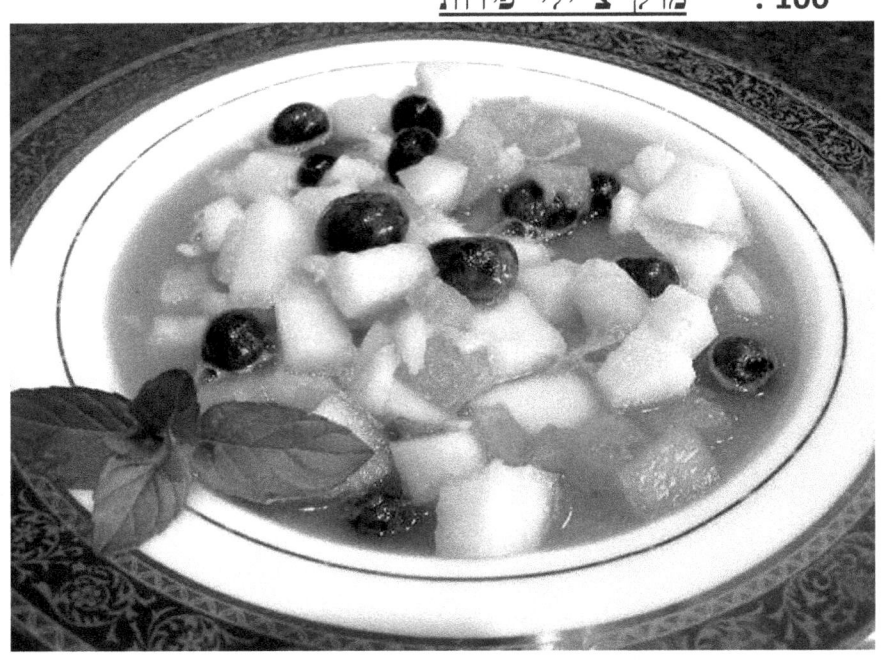

רכיבים:

2 כפות שמן זית
1 בצל גדול, קצוץ
4 שיני שום, קצוצות
1 פלפל אדום, קצוץ
1 פלפל ירוק, קצוץ
2 פלפלי ג'לפניו, זרעים מוחטנים
חצי אחת (28 אונקיות) עגבניות חתוכות לקוביות, לא מסוקנות
4 כוסות מרק ירקות או עוף
1 כפית כמון טחון
1 כפית אבקת צ'ילי
1 כפית אורגנו מיובש
1 מלח כפית
1/2 כפית פלפל שחור
2 כוסות פירות מעורבים קצוצים (כגון זוכ אננס, מנגו ואפרסק)
מיץ מ-1 ליים
1/4 כוס כוסברה טרייה קצוצה
הוראות:

מחממים שמן זית בסיר גדול על אש בינוני-גבוהה.
מוסיפים בצל ושום מטוגנים עד שהבצל נעשה שקוף.
מוסיפים פלפלים אדומים וירוקים, פלפלי ג'לפניו, ומבשלים למשך 5 דקות.
מוסיפים עגבניות קצוצות, מרק, כמון, אבקת צ'ילי, אורגנו, מלח ופלפל. מביאים
לרתיחה, ואז ממנכים את האש למבשלים הכומלה ומבשלים 15 דקות.
מוסיפים פירות מעורבים קצוצים, מיץ ליים וכוסברה, ומבשלים עוד 5 דקות.
מגישים חם ונהנים!

217

סיכום

אנו מקווים שספר הבישול הזה נתן לך השראה לחקור את העולם העשיר והמתובל של הצ'ילי. עם 100 מתכונים טעימים וייחודיים לבחירה, תוכל לחמם את בלוטות הטעם שלך ולהרשים את החברים והמשפחה שלך בכישורי הקולינריה שלך.

אבל ספר הבישול הזה הוא רק ההתחלה. אנו ממליצים לך להתנסות עם מרכיבים וטכניקות חדשות כדי להפוך את המתכונים האלה לשלך. צ'ילי עוסק כולו בטעמים נועזים ומתובלים, ועם מעט יצירתיות, תוכלו ליצור מנות ייחודיות משלכם המשקפות את הטעם והסגנון שלכם.

תודה שהצטרפת אלינו למסע הזה לגילוי אומנות בישול הצ'ילי. אנו מקווים שספר הבישול הזה נתן לך את הכלים וההשראה ליצור מנות טעימות ובעלות טעם שיחממו אותך גם בימים הקרים ביותר. בישול שמח!.

Milton Keynes UK
Ingram Content Group UK Ltd.
UKHW022004160823
426962UK00016B/488